CODING RUN

반려동물 키우기 with 엔트리

코딩연구소 지음

마린북스

이책의 차례

CHAPTER 01 강아지 방 꾸미기

드디어 반려견을 입양하는 날이에요. 엔트리를 이용하여 강아지가 건강하게 자랄 수 있도록 강아지 방을 예쁘게 꾸며봐요.

학습목표

- 엔트리 화면 구성과 기능을 확인할 수 있습니다.
- 오브젝트를 추가하여 크기와 위치를 변경할 수 있습니다.
- 작업한 파일을 저장할 수 있습니다.

실습 및 완성 파일 : [01차시] 폴더

작품 미리보기

오브젝트를 실행 화면 크기로 변경한 후 배경으로 사용해요.

코딩에 필요한 다양한 오브젝트를 추가할 수 있어요.

오늘의 코딩블록

엔트리는 블록을 레고처럼 쌓아 위에서부터 순서대로 블록을 실행하는 프로그램이에요.

오브젝트란 실행 화면 속에서 주인공 또는 물건과 같은 것으로 오브젝트 별로 코드를 작성할 수 있어요.

엔트리 화면 구성 살펴보기

01 [시작(▦)]-[모두]-**[엔트리]**를 클릭하거나, 바탕화면에 있는 바로가기 아이콘(▶)을 더블클릭하여 엔트리를
실행해요. 엔트리가 실행되면 화면 구성 및 세부 메뉴들을 확인해요.

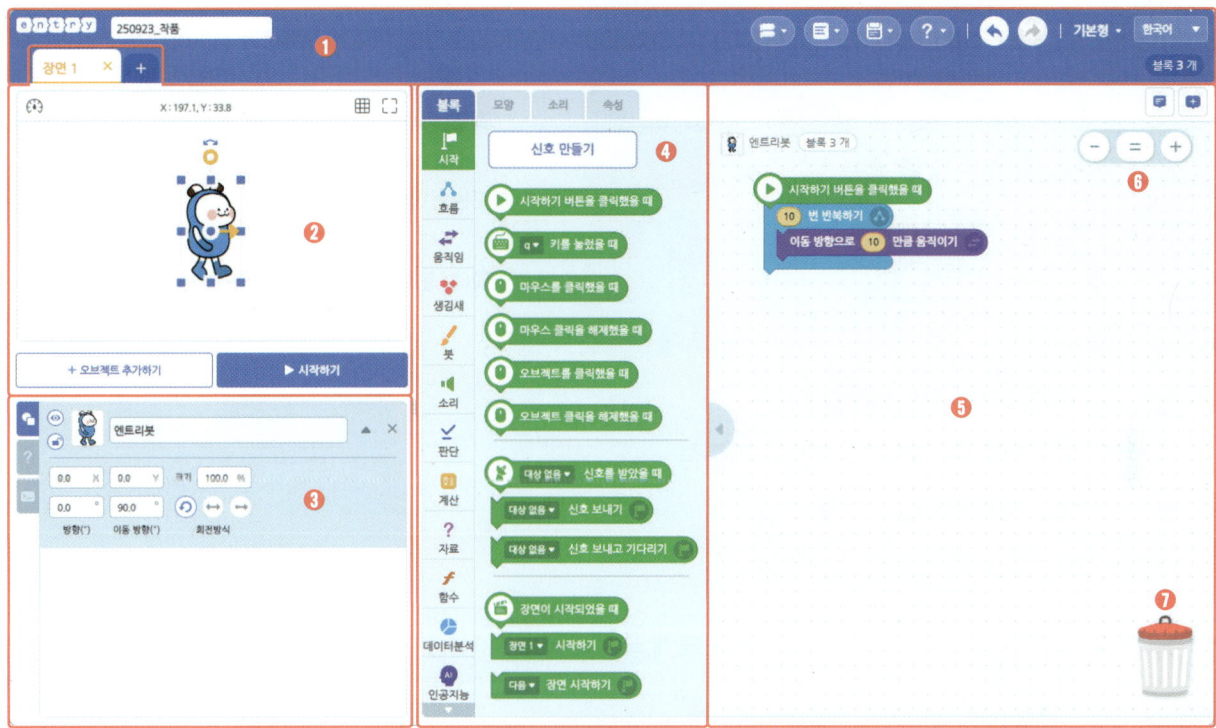

❶ **상단 메뉴** : 상단 메뉴에는 작품 이름, 코딩 방식(▤), 새로 만들기 및 작품 불러오기(▤), 저장하기(▤),
도움말(?), 입력 취소 및 다시 실행(↩ ↪) 등의 메뉴로 구성되어 있어요.

❷ **실행 화면** : 새로운 장면을 추가하거나 삭제(장면 1 × +)할 수 있으며, 오브젝트 추가 및 코딩한 결과를 확인
할 수 있어요.

❸ **오브젝트 목록** : 오브젝트를 삭제(×)하거나 크기를 변경할 수 있고, 이동 방향 및 회전 방식(↺ ↔ →)을
지정할 수 있어요.

❹ **블록 꾸러미** : [블록], [모양], [소리], [속성] 탭으로 구성되어 있어요.

· **[블록] 탭** : 코딩에 필요한 블록들이 꾸러미 형태로 제공되며 각 꾸러미를 클릭하면 다양한 명령 블록들이
표시돼요.

· **[모양] 탭** : 오브젝트 모양을 편집하거나 삭제할 수 있으며, 새로운 모양을 추가할 수도 있어요.

· **[소리] 탭** : 코딩 작업에 필요한 소리를 추가할 수 있어요.

· **[속성] 탭** : 코딩 작업에 필요한 '변수, 신호, 리스트, 함수'를 추가할 수 있어요.

❺ **블록 조립소** : 블록 꾸러미에서 블록을 드래그하여 조립할 수 있는 공간이에요.

❻ **블록 조립소 화면 비율**(- = +) : 블록 조립소의 화면 비율을 작게 하거나 크게 변경할 수 있어요.

❼ **휴지통**(🗑) : 블록 조립소에 있는 블록을 드래그하여 삭제할 수 있어요.

STEP 02 오브젝트와 오브젝트 목록 살펴보기

01 **오브젝트**란 블록을 이용하여 코딩할 수 있는 객체(그림, 글상자, 배경 등)를 말해요.

① 방향점 : 드래그하여 오브젝트를 회전

② 중심점 : 오브젝트 x-y 좌표와 회전의 기준점

③ 크기 조절점 : 오브젝트의 크기를 조절

④ 이동 방향 : 오브젝트가 이동하는 방향

02 실행 화면에 오브젝트가 추가되면 오브젝트 목록에 표시돼요.

① 오브젝트의 이름을 확인하거나 변경

② 오브젝트의 x-y 좌표와 크기, 방향, 이동 방향을 확인하거나 변경

③ 오브젝트의 회전 방식(모든 방향 회전, 좌-우 회전, 회전 없음)을 지정

④ 오브젝트를 실행 화면에 숨기거나 표시

⑤ 오브젝트의 속성(x-y 좌표, 크기, 방향 등)을 변경하지 못하도록 잠금

⑥ 해당 오브젝트를 삭제

TIP

실행 화면에 여러 개의 오브젝트가 있을 때 오브젝트 목록에서 맨 위에 있는 오브젝트가 가장 위에 표시되며, 배경으로 사용되는 오브젝트는 항상 맨 아래쪽에 위치해요. 오브젝트 순서는 마우스로 드래그하여 변경할 수 있어요.

강아지 방 꾸미기

01 **엔트리봇**을 삭제하기 위해 오브젝트 목록에서 ☒를 클릭해요. 그림을 오브젝트로 추가하기 위해  를 클릭한 후 [**파일 올리기**]−[**파일 올리기**]를 선택해요.

TIP 오브젝트가 삭제되면 오브젝트에 포함된 블록들도 함께 삭제돼요.

02 창이 열리면 [01차시]−[실습] 폴더에서 **배경**을 선택하고 <**열기**>를 클릭해요. 선택한 그림이 오브젝트로 등록되면 <**추가하기**>를 클릭해요.

TIP [오브젝트 추가하기] 창을 닫으려면 왼쪽 상단의 ☒를 클릭해요.

03 그림이 추가되면 크기 조절점을 드래그하여 크기를 변경한 후 이동하지 못하도록 오브젝트 목록에서 🔒를 클릭해요.

TIP 오브젝트 목록에서 크기 374.3 % 로 그림의 크기를 변경할 수 있으며, 🔒를 클릭하면 그림의 크기 및 위치를 변경할 수 있어요.

04 엔트리에서 제공하는 오브젝트를 추가하기 위해 ☐ + 오브젝트 추가하기 ☐를 클릭해요. 창이 열리면 **[물건]** 탭에서 **커튼(3)**을 선택한 후 **<추가하기>**를 클릭해요.

TIP

검색 상자(◻)에 오브젝트 이름을 입력하여 검색할 수도 있어요.

05 **커튼(3)**을 창문 위치로 이동한 후 크기를 조절해요. 이어서, 아래 그림을 참고하여 [01차시]-[실습] 폴더에서 그림(강아지 집, 밥그릇, 뼈다귀)을 오브젝트로 추가한 후 위치와 크기를 변경해요.

TIP

엔트리에서 제공하는 다양한 오브젝트를 활용하여 완성 이미지와 다르게 꾸며보세요.

06 모든 작업이 끝나면 **[저장하기(◻)]-[저장하기]**를 선택하여 원하는 파일명으로 저장해요.

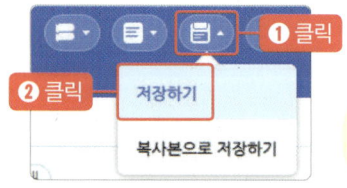

TIP

기존의 파일이 아닌 다른 이름으로 저장하려면 [복사본으로 저장하기]를 선택해요.

01 엔트리봇을 삭제한 후 아래 그림과 같은 배경 오브젝트를 추가해요.

● 실습 및 완성 파일 : 없음

✦ HINT ✦

1. 엔트리가 실행 중이라면 [파일]–[새로 만들기]를 클릭하여 작업해요.
2. ┌ + 오브젝트 추가하기 ┐를 클릭한 후 [배경] 탭에서 공원(4)를 선택하여 추가해요.

TIP   엔트리에서 제공하는 '배경' 오브젝트를 추가하면 크기 및 ◉이 자동으로 지정돼요.

02 다양한 오브젝트를 추가하여 스토리가 있는 장면을 만들어요.

● 실습 및 완성 파일 : 없음

✦ HINT ✦

1. ┌ + 오브젝트 추가하기 ┐를 클릭한 후 [엔트리봇 친구들] 탭에서 토닥토닥 엔트리봇을 선택하여 추가한 후 크기와 위치를 변경해요.
2. 똑같은 방법으로 [동물] 탭에서 고양이와 아기 고양이(2), [인터페이스] 탭에서 하트 세 개를 추가한 후 크기와 위치를 변경해요.
3. 모든 작업이 끝나면 [저장하기(🖫▾)]–[저장하기]를 선택하여 원하는 파일명으로 저장해요.

CHAPTER 02 강아지와의 첫 만남

기대감 두근두근~! 귀여운 강아지를 드디어 집으로 데려왔어요. 아이와 강아지가 처음 만나는 장면을 엔트리로 만들어 봐요.

학습목표

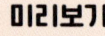

- 오브젝트의 모양을 변경하는 방법을 알아봅니다.
- 오브젝트가 이동 방향으로 이동하는 방법을 알아봅니다.
- 일정한 시간(초)을 기다렸다가 실행하는 방법을 알아봅니다.

실습 및 완성 파일 : [02차시] 폴더

작품 미리보기

<시작하기>를 클릭하면 1초를 기다렸다가 '아이'가 앉는 모양으로 바꿔요.

<시작하기>를 클릭하면 1초를 기다렸다가 '강아지'가 '아이' 앞으로 이동해 앉는 모양으로 바꿔요.

오늘의 코딩블록

오브젝트를 지정한 모양으로 바꿔요.

입력한 초만큼 기다렸다가 다음 블록을 실행해요.

이동 방향으로 입력한 값만큼 움직여요.

강아지와의 첫 만남 준비하기

01 엔트리를 실행한 후 오브젝트 목록에서 ⊠를 클릭하여 **엔트리봇**을 삭제하고 배경 오브젝트를 추가하기 위해 + 오브젝트 추가하기 를 클릭해요.

02 창이 열리면 [배경] 탭에서 **거실(3)**을 선택하고 **<추가하기>**를 클릭해요.

03 그림을 오브젝트로 추가하기 위해 + 오브젝트 추가하기 를 클릭한 후 [파일 올리기]-[파일 올리기]를 선택해요.

04 [02차시]-[실습] 폴더에서 **아이1**과 **강아지1**을 선택하고 **<열기>**를 클릭한 후 **<추가하기>**를 클릭해요.

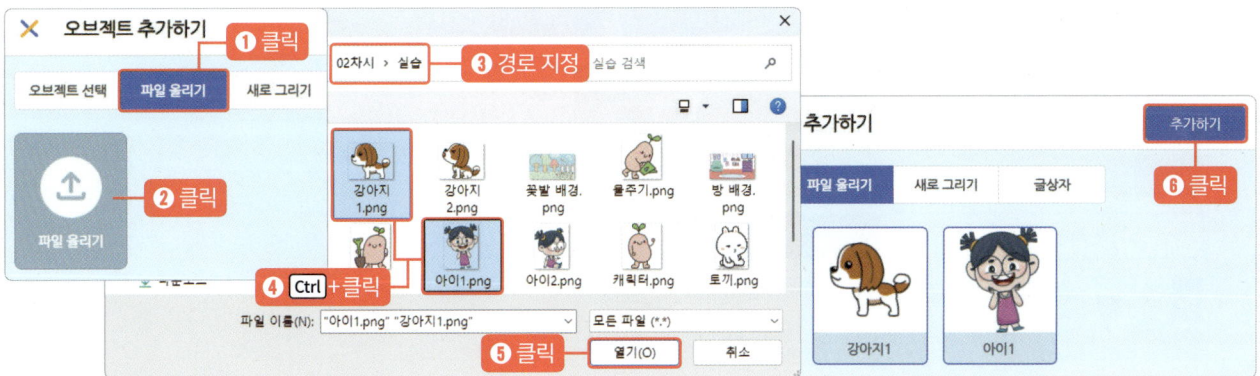

> **TIP**
>
> Ctrl을 누른 채 그림 파일을 클릭하면 여러 개의 그림을 한 번에 선택할 수 있어요.

05 오브젝트가 추가되면 오브젝트 목록에서 **x-y 좌표, 크기, 이동 방향**을 각각 변경해요.

- **아이1** : 좌표(x : -125, y : -10), 크기(130%)
- **강아지1** : 좌표(x : 155, y : -45), 크기(75%), 이동 방향(270°)

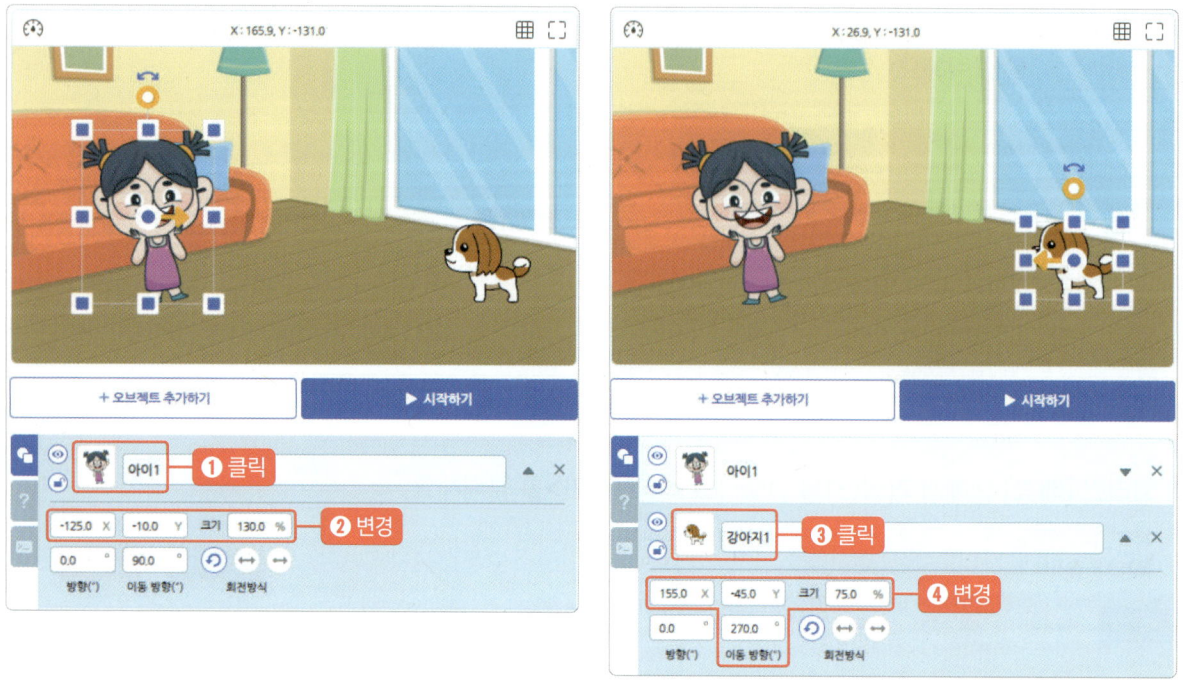

TIP

이동 방향은 가운데 노란색 화살표를 드래그하여 변경할 수도 있어요.

06 **아이1**에 새로운 모양을 추가하기 위해 **[모양]** 탭에서 **<모양 추가하기>**를 클릭해요.

07 창이 열리면 [**파일 올리기**]–[**파일 올리기**]를 선택해요. [02차시]–[실습] 폴더에서 **아이2**를 선택해 추가한 후 <**추가하기**>를 클릭해요.

08 [**모양**] 탭에 **아이2**가 추가되면 **아이1** 모양을 선택해요.

TIP

[모양] 탭에서 선택된 모양이 실행 화면에서 기본적으로 보이는 그림이에요.

09 같은 방법으로 **강아지1**의 [**모양**] 탭에서 **강아지2** 그림을 추가하고 **강아지1** 모양을 선택해요.

TIP

실행 화면에서 오브젝트의 모양을 변경하려면 [모양] 탭에 여러 개의 모양이 추가되어 있어야 해요.

아이와 강아지가 만날 수 있도록 코드 작성하기

01 코드를 작성하기 위해 **아이1**을 선택하고 **[블록]** 탭을 선택한 후 [시작]의 ▶ 시작하기 버튼을 클릭했을 때 를 블록 조립소로 드래 그해요.

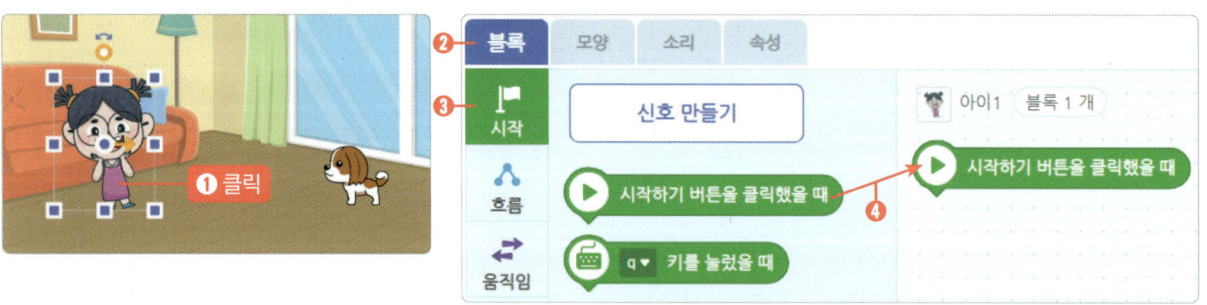

> **TIP**
>
> 블록 조립소에 추가한 블록을 '블록 꾸러미' 또는 '휴지통'으로 드래그하면 해당 블록을 삭제할 수 있어요.

02 일정한 시간(초)을 기다리기 위해 [호름]의 2 초 기다리기 를 연결하고 초를 **1**로 변경해요.

03 오브젝트의 모양을 변경하기 위해 [생김새]의 아이1▼ 모양으로 바꾸기 를 연결하고 모양을 **아이2**로 변경해요.

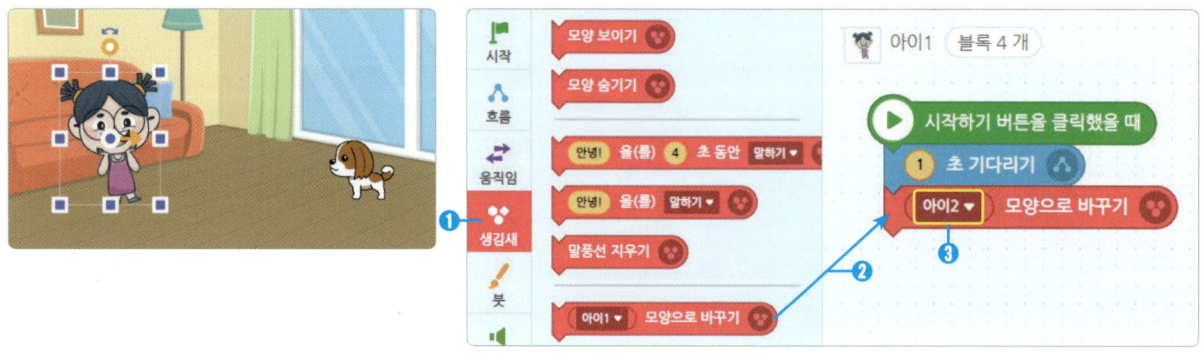

> **TIP**
>
> ▶시작하기 를 클릭하면 '아이1' 모양이 1초 후에 '아이2' 모양으로 바뀌어요.

04 **강아지1**을 선택하고 `시작`의 `▶ 시작하기 버튼을 클릭했을 때`를 블록 조립소로 드래그한 후 `흐름`의 `2 초 기다리기`를 연결하고 초를 **1**로 변경해요.

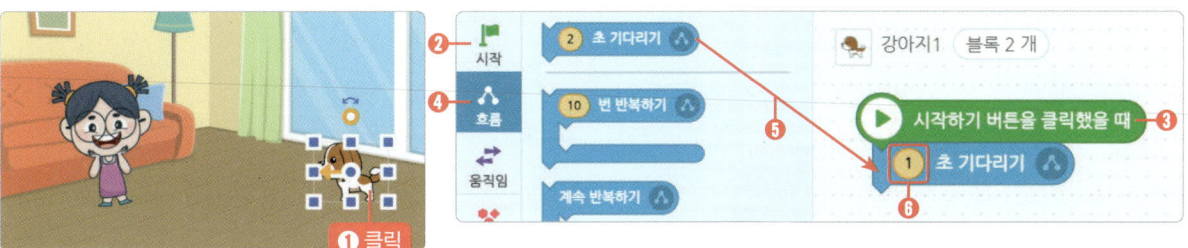

05 강아지를 아이1 위치로 이동시키기 위해 `움직임`의 `이동 방향으로 10 만큼 움직이기`를 연결하고 값을 **200**으로 변경해요.

> **TIP**
> '강아지'가 이동 방향(270도)으로 200만큼 움직여서 '아이1' 위치로 이동해요. 실행 화면 위쪽의 모눈종이(▦)를 클릭하면 '강아지'가 200만큼 이동하는 거리(모눈종이 1칸이 20)를 확인할 수 있어요.

06 이동 후 모양을 바꾸기 위해 `생김새`의 `강아지1 ▼ 모양으로 바꾸기`를 연결한 후 모양을 **강아지2**로 변경해요.

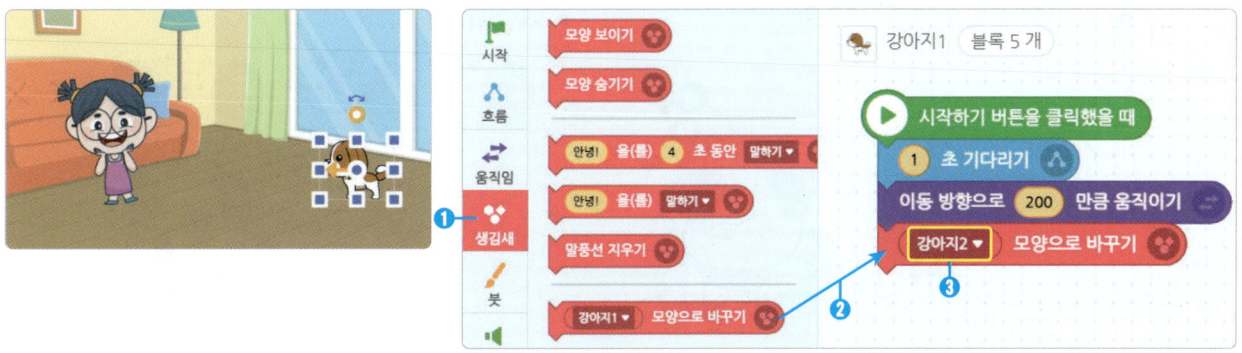

> **TIP**
> `▶ 시작하기`를 클릭하면 '강아지1'이 1초 후에 '아이'쪽으로 이동한 후 모양을 '강아지2'로 바꿔요.

07  를 클릭하여 강아지가 아이 근처로 왔을 때 즐거워하는 모습으로 바뀌는지 확인해 보세요.

TIP 블록은 어떤 순서로 실행이 되나요?

엔트리는 각각의 오브젝트마다 블록을 추가하여 여러 가지 상황(이동, 모양 변경, 말하기 등)에 맞게 코딩할 수 있어요. 블록 조립소에 작성된 코드는 블록을 위에서 부터 하나씩 순서대로 실행하는데 이것을 '순차 구조'라고 해요.

◀ 이동 방향으로 100만큼 움직인 후 1초를 기다렸다가 모양을 바꾸고 4초 동안 말을 함

▲ 이동 방향으로 100만큼 움직이기

▲ 1초 기다리기

▲ '강아지2' 모양으로 바꾸기

▲ '멍멍'을 4초 동안 말하기

08 모든 작업이 끝나면 [저장하기(📁▾)]−[저장하기]를 선택하여 원하는 파일명으로 저장해요.

미션 해결하기

01 엔트리봇을 삭제한 후 힌트를 참고하여 '토끼'에 코드를 작성해요.

● 실습 및 완성 파일 : [02차시]-[실습] 폴더

◆HINT◆

1. 오브젝트 추가 : [02차시]-[실습] 폴더에서 '방 배경'과 '토끼'를 추가한 후 '방 배경'의 크기와 '토끼' 위치를 변경해요.
2. 모양 추가 : 토끼 모양에 '토끼1'과 '토끼2' 모양을 추가한 후 기본 모양을 '토끼'로 지정해요.
3. '토끼' 코드 작성 : ❶ 시작하기 버튼을 클릭했을 때 ❷ '1'초 기다리기 ❸ '토끼1' 모양으로 바꾸기 ❹ '1'초 기다리기 ❺ '토끼2' 모양으로 바꾸기 ❻ '1'초 기다리기 ❼ '토끼1' 모양으로 바꾸기

02 엔트리봇을 삭제한 후 힌트를 참고하여 '캐릭터'에 코드를 작성해요.

● 실습 및 완성 파일 : [02차시]-[실습] 폴더

◆HINT◆

1. 오브젝트 추가 : [02차시]-[실습] 폴더에서 '꽃밭 배경'과 '캐릭터'를 추가한 후 '꽃밭 배경'의 크기와 '캐릭터' 위치를 변경해요.
2. 모양 추가 : '캐릭터'에 '삽'과 '물주기' 모양을 추가한 후 기본 모양을 '캐릭터'로 지정해요.
3. '캐릭터' 코드 작성 : ❶ 시작하기 버튼을 클릭했을 때 ❷ 이동 방향으로 '200'만큼 움직이기 ❸ '삽' 모양으로 바꾸기 ❹ '1'초 기다리기 ❺ '물주기' 모양으로 바꾸기

CHAPTER 03 강아지 훈련시키기

반려견을 키울 때는 훈련을 잘 시켜야 해요. 주인이 강아지에게 명령하면 해당 명령에 맞추어 정해진 행동을 할 수 있도록 엔트리로 훈련시켜 보세요.

학습목표

- 입력한 글자를 입력한 초 동안 말할 수 있습니다.
- 반복 횟수만큼 특정 블록을 반복하여 실행할 수 있습니다.
- 오브젝트에 작성된 코드를 복사하여 사용할 수 있습니다.

실습 및 완성 파일 : [03차시] 폴더

작품 미리보기

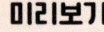

"앉아"라고 말하면 행동(모양)이 바뀌는 훈련을 3번 반복해요.

"예쁜짓~~~"이라고 말하면 행동(모양)이 바뀌는 훈련을 2번 반복해요.

오늘의 코딩블록

입력한 횟수만큼 안쪽에 연결된 블록을 반복해서 실행해요.

입력한 글자를 입력한 초만큼 말해요.

STEP 01 소스 파일 불러오기

01 파일 탐색기를 실행한 후 [03차시]-[실습] 폴더에서 **훈련시키기.ent** 파일을 더블클릭해요.

02 엔트리가 실행되면 코딩 작업에 필요한 오브젝트 목록을 확인해요.

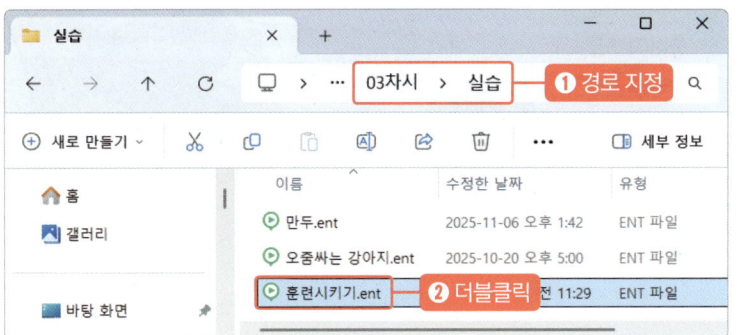

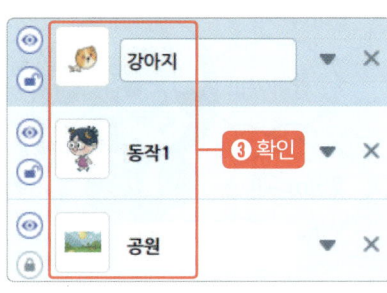

STEP 02 아이가 '앉아'와 '예쁜짓' 동작 명령을 반복하여 말하기

01 **동작1**을 선택하고 [시작]의 [시작하기 버튼을 클릭했을 때]를 블록 조립소로 드래그한 후 [흐름]의 [2 초 기다리기]를 연결하고 초를 **1**로 변경해요.

> **TIP**
>
> '동작1' 오브젝트에는 '동작2'와 '동작3' 모양이 미리 추가되어 있어요.

02 블록을 지정한 횟수만큼 반복하여 실행하기 위해 [흐름]의 [10 번 반복하기]를 연결한 후 횟수를 **3**으로 변경해요.

03 모양을 바꾸고 말을 하기 위해 생김새의 [동작1 모양으로 바꾸기] 와 [안녕! 을(를) 4 초 동안 말하기] 를 반복 블록 안쪽에 연결한 후 모양을 **동작2**, 말을 **앉아**, 초를 **2**로 각각 변경해요.

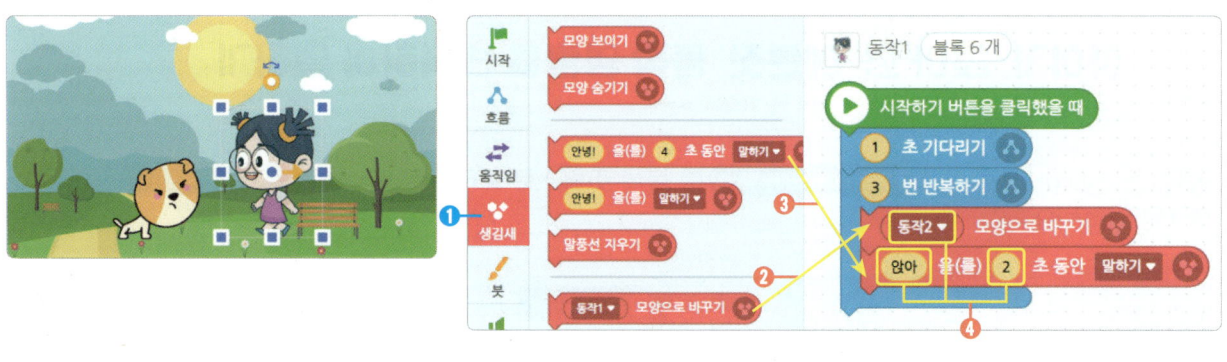

04 원래 모양으로 바꾸기 위해 생김새의 [동작1 모양으로 바꾸기] 를 연결한 후 흐름의 [2 초 기다리기] 를 연결하고 초를 **1**로 변경해요.

20

05 코드를 복사하여 사용하기 위해 [3번 반복하기] 블록 위에서 마우스 오른쪽 버튼을 눌러 [코드 복사 & 붙여넣기]를 클릭해요.

06 코드가 복사되면 아래쪽에 연결한 후 **반복 횟수(2), 말하기(예쁜짓~~~), 모양(동작3)**을 각각 변경해요.

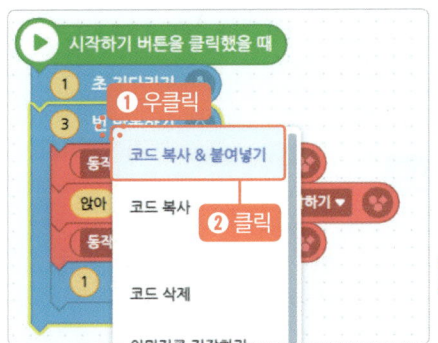

STEP **03** **강아지가 명령에 맞추어 훈련 동작을 반복하기**

01 강아지를 선택하고 [시작]의 [시작하기 버튼을 클릭했을 때]를 블록 조립소로 드래그해요. 이어서, [흐름]의 [2 초 기다리기]와 [10 번 반복하기]를 연결한 후 초는 **1**, 반복 횟수는 **3**으로 변경해요.

02 모양을 바꾸기 위해 [생김새]의 [강아지 ▼ 모양으로 바꾸기]를 반복 블록 안쪽에 연결하고 모양을 **앉아**로 변경한 후 [흐름]의 [2 초 기다리기]를 연결해요.

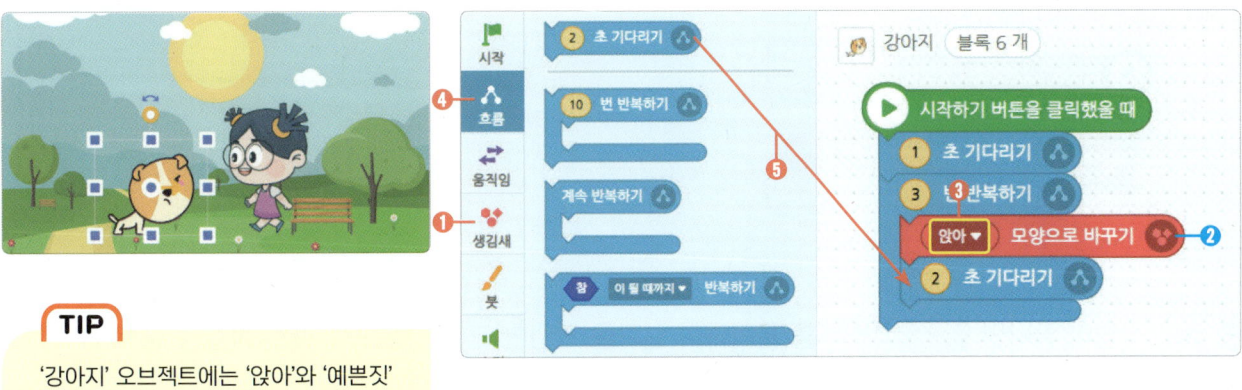

> **TIP**
> '강아지' 오브젝트에는 '앉아'와 '예쁜짓'
> 모양이 미리 추가되어 있어요.

03 코드를 복사하기 위해 [**'앉아' 모양으로 바꾸기**] 블록 위에서 마우스 오른쪽 버튼을 눌러 [**코드 복사 & 붙여넣기**]를 클릭해요. 코드가 복사되면 아래쪽에 연결한 후 **모양(강아지)**과 **초(1)**를 변경해요.

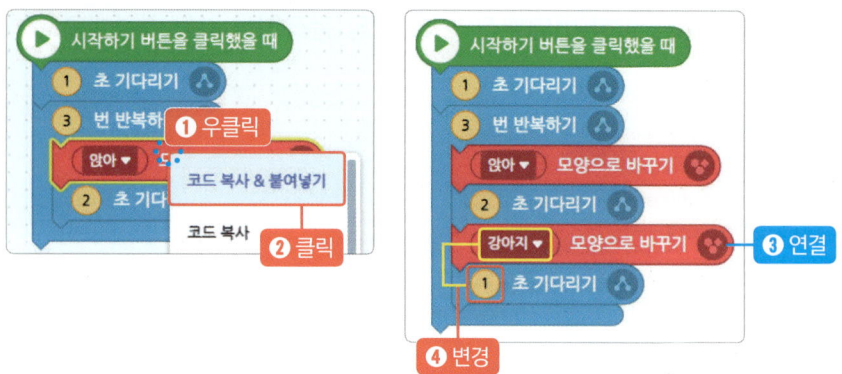

04 다시 코드를 복사하기 위해 [**3번 반복하기**] 블록 위에서 마우스 오른쪽 버튼을 눌러 [**코드 복사 & 붙여넣기**]를 클릭해요. 코드가 복사되면 아래쪽에 연결한 후 **반복 횟수(2)**와 **모양(예쁜짓)**을 변경해요.

TIP **다른 오브젝트로 코드 복사하기**

① 복사할 코드 위에서 마우스 오른쪽 버튼을 눌러 [**코드 복사**]를 클릭해요.

② 오브젝트 목록에서 오브젝트를 선택한 후 블록 조립소에서 마우스 오른쪽 버튼을 눌러 [**붙여넣기**]를 클릭해요.

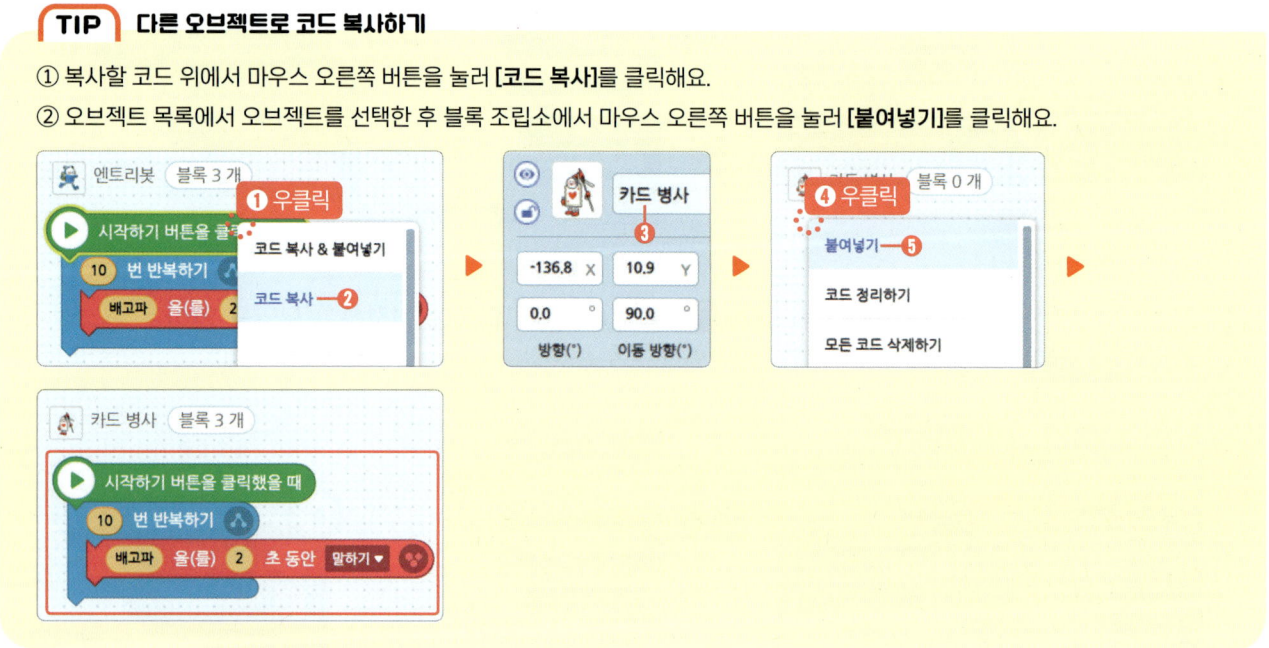

---

05 코드 작업이 끝나면 ▶시작하기 를 클릭하여 결과를 확인한 후 복사본으로 파일(홍길동_훈련시키기)을 저장해요.

코딩런
미션 해결하기

01 그림 내용과 힌트를 참고하여 '젓가락'과 '만두'에 코드를 작성해요.

● 실습 및 완성 파일 : [03차시]-[실습]-만두.ent

'젓가락'이 만두를 먹는다고 말하고 이동 방향으로 이동해요.

'만두'는 맛있다고 말했다가 모양을 바꿔 맛없다고 말하는 것을 3번 반복해요.

◆ **HINT** ◆

1. '젓가락' 코드 삭성 : ❶ 시작하기 버튼을 클릭했을 때 ❷ "만두를 먹어볼까?"를 '2'초 동안 말하기 ❸ 이동 방향으로 '100'만큼 움직이기

2. '만두' 코드 작성 : ❶ 시작하기 버튼을 클릭했을 때 ❷ '2'초 기다리기 ❸ ④~⑦을 '3'번 반복하기 ❹ "제가 맛있는 만두예요"를 '2'초 동안 말하기 ❺ '만두1' 모양으로 바꾸기 ❻ "아니요. 저는 맛없어요 ㅠㅠ"를 '2'초 동안 말하기 ❼ '만두' 모양으로 바꾸기

02 그림 내용과 힌트를 참고하여 '강아지'에 코드를 작성해요.

● 실습 및 완성 파일 : [03차시]-[실습]-강아지.ent

꿀잠을 자고 있던 강아지가 일어나 "쉬가 마려운데~"라고 생각해요.

강아지가 쉬야를 한 후 모양을 바꿔 "아 시원해~"를 생각해요.

◆ **HINT** ◆

1. '강아지' 코드 작성 : ❶ 시작하기 버튼을 클릭했을 때 ❷ ③~⑧을 '2'번 반복하기 ❸ "꿀잠 중~"을 '2'초 동안 '생각하기' ❹ '쉬야 강아지2'로 모양 바꾸기 ❺ "쉬가 마려운데~"를 '2'초 동안 '생각하기' ❻ '쉬야 강아지3'으로 모양 바꾸기 ❼ "아 시원해~"를 '2'초 동안 '생각하기' ❽ '쉬야 강아지1'로 모양 바꾸기

CHAPTER 04

강아지 예방주사 맞히기~

강아지를 데리고 예방주사를 맞히러 동물병원에 갔어요. 강아지가 주사를 잘 맞을 수 있도록 안심을 시킨 후 엔트리를 이용하여 예방주사를 맞혀봐요.

학습목표

- 계속 반복해서 블록을 실행할 수 있습니다.
- 오브젝트를 마우스 포인터 위치로 계속 이동시킬 수 있습니다.
- 오브젝트의 크기를 변경할 수 있습니다.

실습 및 완성 파일 : [04차시] 폴더

작품 미리보기

'주사기'가 마우스 포인터를 계속 따라다니고 클릭할 때마다 크기를 변경해요.

'주사기'로 '강아지'를 클릭하면 놀란 표정으로 바뀌어요.

오늘의 코딩블록

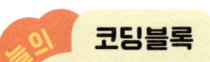

안쪽에 연결된 블록을 계속 반복해서 실행해요.

입력한 값만큼 오브젝트의 크기를 변경해요.

특정 오브젝트 또는 마우스 포인터 위치로 이동시켜요.

STEP 01 마우스 포인터를 따라다니는 주사기

01 파일 탐색기를 실행한 후 [04차시]−[실습] 폴더에서 **예방주사.ent** 파일을 더블클릭해요. **주사기**를 선택한 후 중심점(●)을 바늘 끝으로 이동시켜요.

TIP

'주사기' 오브젝트가 선택되지 않도록 중심점(●)을 정확하게 선택하여 드래그해요.

02 주사기가 선택된 상태에서 무한 반복을 위해 🏳(시작)의 ▶시작하기 버튼을 클릭했을 때 를 블록 조립소로 드래그한 후 🔼(흐름)의 계속 반복하기 를 연결해요.

TIP

▶시작하기 를 클릭하면 계속 반복하기 안쪽에 연결된 블록을 무한 반복하여 실행해요.

03 주사기를 마우스 포인터 위치로 이동시키기 위해 ↔(움직임)의 주사기▼ 위치로 이동하기 를 반복 블록 안쪽에 연결한 후 위치를 **마우스포인터**로 변경해요.

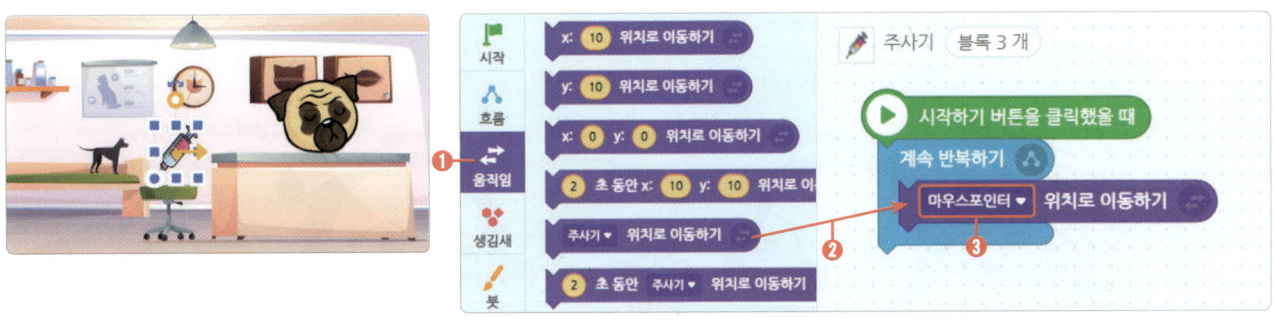

TIP

▶시작하기 를 클릭하면 실행 화면 안에서 '주사기'가 '마우스 포인터(커서)'를 계속 따라다녀요.

주사기 크기 변경하기

01 실행 화면을 마우스로 클릭했을 때 주사기가 커지도록 [시작]의 [마우스를 클릭했을 때]를 블록 조립소로 드래그한 후 [생김새]의 [크기를 10 만큼 바꾸기]를 연결해요.

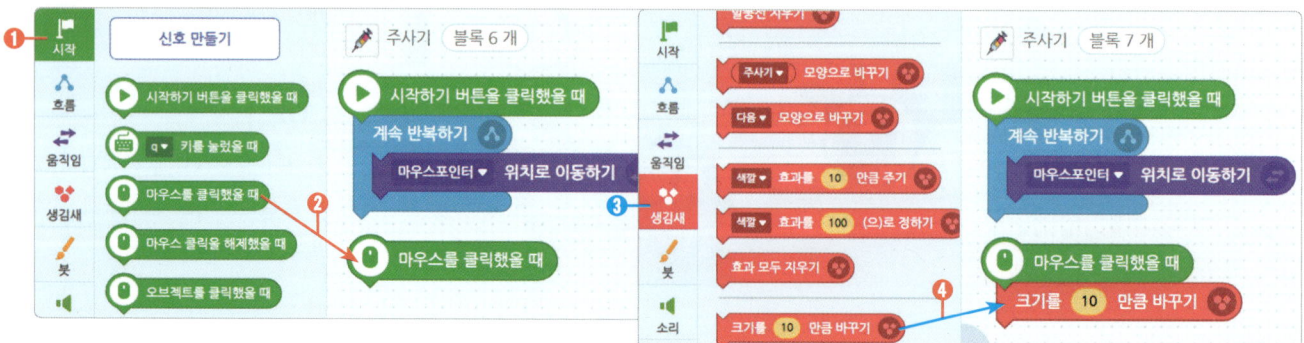

> **TIP**
>
> 크기 값을 양수(10)로 입력하면 입력한 값만큼 오브젝트의 크기가 커지고 음수(-10)로 입력하면 작아져요.

02 클릭을 해제했을 때 주사기를 원래 크기로 변경하기 위해 [시작]의 [마우스 클릭을 해제했을 때]를 블록 조립소로 드래그한 후 [생김새]의 [크기를 10 만큼 바꾸기]를 연결하고 값을 **-10**으로 변경해요.

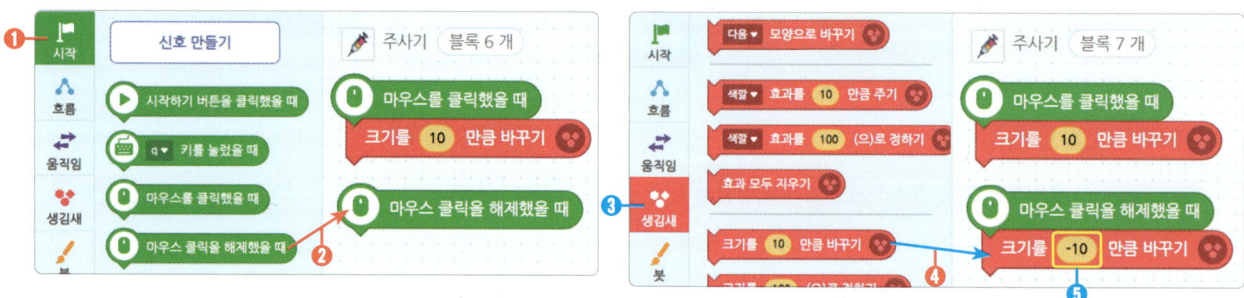

> **TIP**
>
> 마우스 왼쪽 버튼을 누르면 '주사기'가 커지고, 마우스 클릭을 해제하면 원래 크기로 작아져요.

STEP 03 강아지가 주사를 맞으면 놀란 표정 짓기

01 코딩 작업을 위해 실행 화면 또는 오브젝트 목록에서 **강아지 표정1**을 선택해요.

 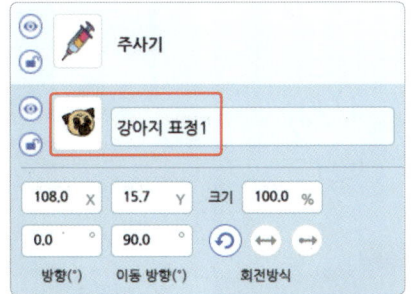

TIP

코딩할 오브젝트는 실행 화면 또는 오브젝트 목록에서 선택할 수 있어요.

02 오브젝트를 클릭하면 모양을 바꾸기 위해 [시작]의 [오브젝트를 클릭했을 때]를 블록 조립소로 드래그한 후 [생김새]의 [다음▼ 모양으로 바꾸기]를 연결해요.

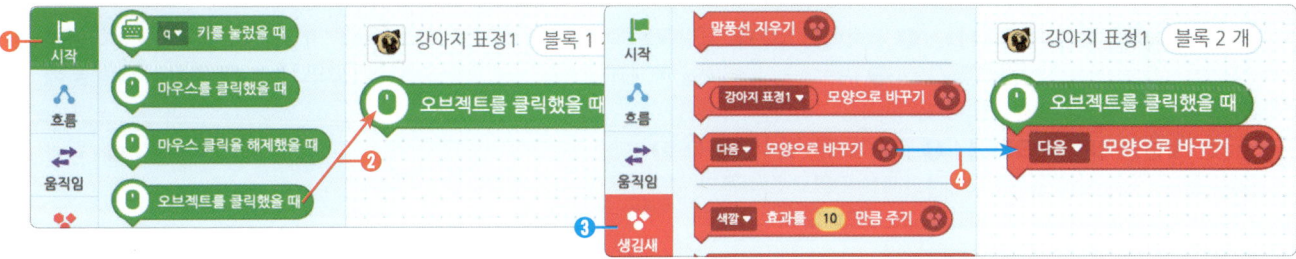

TIP

'강아지 표정1' 오브젝트를 클릭했을 때 아래쪽에 연결된 블록이 실행돼요.

03 원래 모양으로 변경하기 위해 [흐름]의 [2 초 기다리기]를 연결하고 초를 0.5로 변경해요. 이어서, [생김새]의 [다음▼ 모양으로 바꾸기]를 연결한 후 모양을 **이전**으로 변경해요.

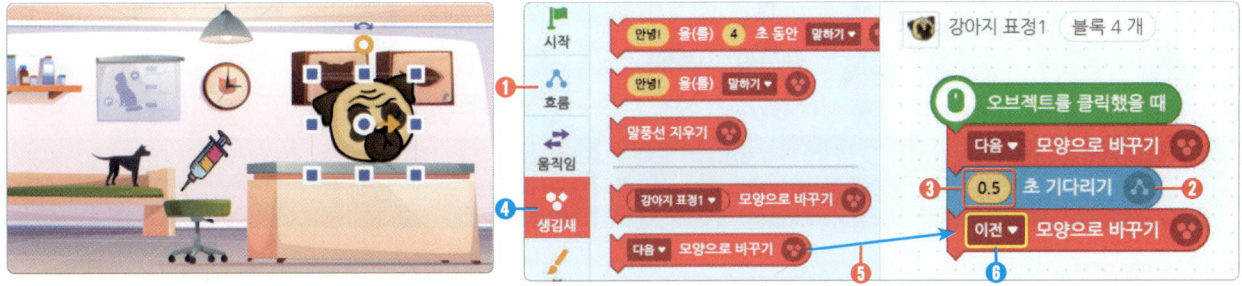

TIP

'강아지 표정1' 오브젝트를 클릭하면 놀라는 모양에서 다시 원래 모양으로 바뀌어요.

04 코드 작업이 끝나면 [▶ 시작하기]를 클릭하여 결과를 확인한 후 복사본으로 파일(홍길동_예방주사)을 저장해요.

미션 해결하기

01 그림 내용과 힌트를 참고하여 '손'과 '화난강아지'에 코드를 작성해요.

● 실습 및 완성 파일 : [04차시]-[실습]-화난강아지.ent

'손'이 마우스 포인터를 계속 따라다니고 마우스를 클릭하면 크기가 작아졌다가 원래 크기로 되돌아와요.

'화난강아지'를 클릭하면 화난 모양으로 바뀌었다가 다시 귀여운 원래 모양으로 바뀌어요.

✦ HINT ✦

1. '손' 코드 작성 : [코드1] → ❶ 시작하기 버튼을 클릭했을 때 ❷ ③을 계속 반복하기 ❸ '마우스포인터' 위치로 이동하기 [코드2] → ❶ 마우스를 클릭했을 때 ❷ 크기를 '-10'만큼 바꾸기 [코드3] → ❶ 마우스 클릭을 해제했을 때 ❷ 크기를 '10'만큼 바꾸기

2. '화난강아지' 코드 작성 : ❶ 오브젝트를 클릭했을 때 ❷ '화난강아지2' 모양으로 바꾸기 ❸ '0.5'초 기다리기 ❹ '화난강아지1' 모양으로 바꾸기

02 그림 내용과 힌트를 참고하여 '손가락'과 '동물그림1-1'에 코드를 작성해요.

● 실습 및 완성 파일 : [04차시]-[실습]-동물맞히기.ent

'손가락'이 마우스 포인터를 계속 따라다니고 마우스를 클릭하면 다른 모양으로 바뀌어요.

'동물그림'을 클릭하면 강아지 그림으로 바뀌었다가 다시 원래 모양으로 바뀌어요.

✦ HINT ✦

1. '손가락' 코드 작성 : [코드1] → ❶ 시작하기 버튼을 클릭했을 때 ❷ ③을 계속 반복하기 ❸ '마우스포인터' 위치로 이동하기 [코드2] → ❶ 마우스를 클릭했을 때 ❷ '손가락2' 모양으로 바꾸기 [코드3] → ❶ 마우스 클릭을 해제했을 때 ❷ '손가락1' 모양으로 바꾸기

2. '동물그림1-1' 코드 작성 : ❶ 오브젝트를 클릭했을 때 ❷ '동물그림1-2' 모양으로 바꾸기 ❸ '0.5'초 기다리기 ❹ '동물그림1-1' 모양으로 바꾸기

CHAPTER 05 강아지와 산책하기

강아지를 데리고 공원에 산책하러 나갔는데 갑자기 목줄이 풀려 이리저리 도망다니는
사고가 발생했어요. 엔트리를 이용하여 도망다니는 강아지를 잡아봐요.

학습목표

- 오브젝트의 회전 방식을 변경할 수 있습니다.
- 이동 방향의 회전과 움직이는 값을 무작위(임의) 수로 지정할 수 있습니다.
- 오브젝트가 화면 끝에 닿으면 튕기게 할 수 있습니다.

실습 및 완성 파일 : [05차시] 폴더

작품 미리보기

이동 방향으로 임의의 값(무작위 수)만큼 회전하면서
계속 이동해요.

이동할 때 뛰는 모습으로 모양을 계속 변경하고
화면 끝에 닿으면 반대 방향으로 튕겨요.

오늘의 코딩블록

입력한 두 숫자 사이에서
무작위(임의) 수를 추출해요.

이동 방향을 입력한 값만큼
회전시켜요.

오브젝트가 화면 끝에 닿으면
튕겨요.

오브젝트 회전 방식 변경하기

01 파일 탐색기를 실행한 후 [05차시]−[실습] 폴더에서 **산책.ent** 파일을 더블클릭해요. 오브젝트 목록에서 **아이**와 **강아지**의 회전 방식을 ↔으로 지정해요.

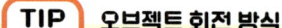

> **TIP** 오브젝트 회전 방식
>
> ·모든 방향 회전(⟳) :
> 오브젝트가 360도로 회전해요.
>
> ·좌우 회전(↔) :
> 오브젝트가 좌−우로만 회전해요.
>
> ·회전 없음(↔) :
> 오브젝트가 회전하지 않아요.

이리저리 뛰어다니는 강아지

01 강아지를 선택하고 🏳 의 ▶ 시작하기 버튼을 클릭했을 때 를 블록 조립소로 드래그한 후 ∧ 의 계속 반복하기 를 연결해요.

> **TIP**
>
> '아이'와 '강아지'에는 걷는 모양이 미리 추가되어 있어요.

02 강아지의 이동 방향을 무작위 수로 계속 회전시키기 위해 [움직임]의 `이동 방향을 90° 만큼 회전하기` 를 반복 블록 안쪽에 연결한 후 [계산]의 `0 부터 10 사이의 무작위 수` 를 각도에 끼워 넣고 −10과 10으로 변경해요.

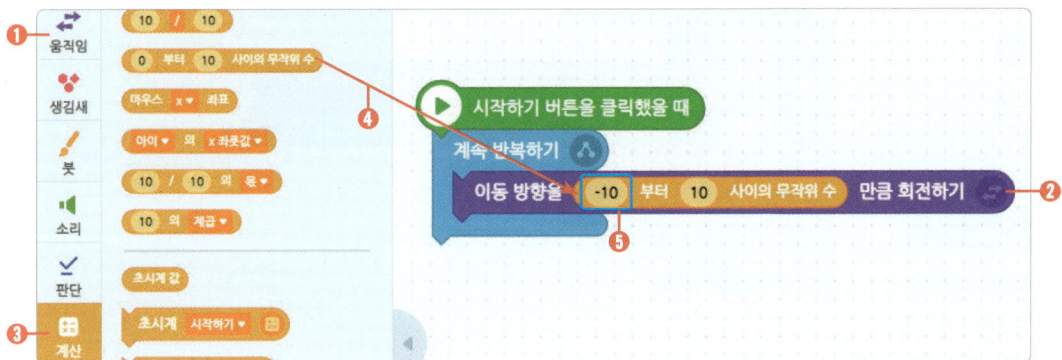

> **TIP**
>
> 오브젝트가 이동 방향(노란색 화살표)을 '−10'부터 '10' 사이의 임의의 값(−10, −9, −8 ~ 8, 9, 10)으로 계속 반복하여 회전해요.

03 강아지가 이동 방향으로 무작위 수만큼 계속 움직이도록 [움직임]의 `이동 방향으로 10 만큼 움직이기` 를 연결한 후 [계산]의 `0 부터 10 사이의 무작위 수` 를 값에 끼워 넣고 10과 20으로 변경해요.

> **TIP**
>
> '강아지'가 이동 방향(노란색 화살표)으로 '10'부터 '20' 사이의 임의의 값(10, 11, 12 ~ 18, 19, 20)만큼 계속 움직여요.

04 모양을 변경하여 이동하다가 벽에 닿으면 튕기도록 [생김새]의 `다음▾ 모양으로 바꾸기` 를 연결한 후 [움직임]의 `화면 끝에 닿으면 튕기기` 를 연결해요.

05 무한 반복의 속도를 조절하기 위해 의 ⟨2 초 기다리기⟩를 연결한 후 초를 **0.1**로 변경해요.

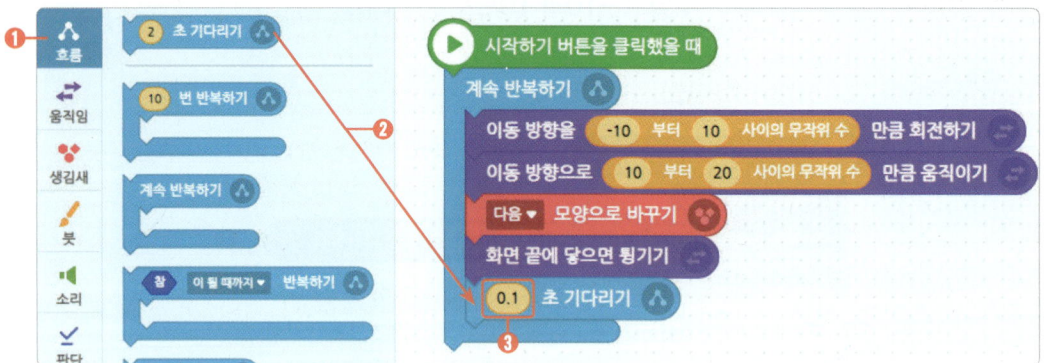

STEP 03 강아지를 쫓는 아이

01 **강아지** 코드를 복사하여 **아이**에게 붙여넣기 위해 [시작하기 버튼을 클릭했을 때] 블록 위에서 마우스 오른쪽 버튼을 눌러 [**코드 복사**]를 클릭해요.

02 **아이**를 선택한 후 블록 조립소에서 마우스 오른쪽 버튼을 눌러 [**붙여넣기**]를 클릭해요. 코드가 복사되면 ⟨이동 방향을 -10 부터 10 사이의 무작위 수 만큼 회전하기⟩ 블록의 무작위 수를 −5와 5로 변경해요.

03 코드 작업이 끝나면 ▶ 시작하기 를 클릭하여 결과를 확인한 후 복사본으로 파일(홍길동_산책)을 저장해요.

코딩런

미션 해결하기

01 그림 내용과 힌트를 참고하여 '원캐릭터'에 코드를 작성해요.

● 실습 및 완성 파일 : [05차시]-[실습]-캐릭터 이동.ent

'원캐릭터'가 이동 방향으로 임의의 값(무작위 수)만큼
회전하면서 계속 이동해요.

이동할 때 다음 모양으로 계속 변경하고
화면 끝에 닿으면 튕겨요.

◆ HINT ◆

1. '원캐릭터' 코드 작성 : ❶ 시작하기 버튼을 클릭했을 때 ❷ ③~⑨를 계속 반복하기 ❸ 이동 방향을 ❹ '-30'부터 '30'
사이의 무작위 수만큼 회전하기 ❺ 이동 방향으로 ❻ '10'부터 '20' 사이의 무작위 수만큼 움직
이기 ❼ '다음' 모양으로 바꾸기 ❽ 화면 끝에 닿으면 튕기기 ❾ '0.1'초 기다리기

02 그림 내용과 힌트를 참고하여 '군인'과 '미라'에 코드를 작성해요.

● 실습 및 완성 파일 : [05차시]-[실습]-도망가기.ent

'군인'이 이동 방향으로 임의의 값(무작위 수)만큼 계속
이동하다가 화면 끝에 닿으면 반대 방향으로 튕겨요.

'미라'가 이동 방향으로 임의의 값(무작위 수)만큼 계속
이동하다가 화면 끝에 닿으면 반대 방향으로 튕겨요.

◆ HINT ◆

1. 오브젝트 목록에서 '군인'과 '미라'의 회전 방식을 좌우 회전(↔)으로 지정해요.
2. '군인'과 '미라' 코드 작성 : ❶ 시작하기 버튼을 클릭했을 때 ❷ ③~⑦을 계속 반복하기 ❸ 이동 방향으로 ❹ '10'부터
'20' 사이의 무작위 수만큼 이동하기 ❺ '다음' 모양으로 바꾸기 ❻ 화면 끝에 닿으면 튕기기
❼ '0.1'초 기다리기

CHAPTER 06

색깔 마술사 카멜레온 키우기

몸의 색을 주변색으로 바꾸는 카멜레온을 만나러 갔어요. 실제로 본 카멜레온은 몸의 색상을 정말 자유롭게 바꾸는 것이 너무 신기했어요. 엔트리로 주변색과 비슷한 색으로 바꾸는 카멜레온을 만들어봐요.

학습목표

- 오브젝트의 모양을 반복해서 다른 모양으로 바꿀 수 있습니다.
- 오브젝트에 색깔 효과를 지정할 수 있습니다.
- 오브젝트를 입력한 시간(초)에 맞추어 지정한 위치로 이동시킬 수 있습니다.

실습 및 완성 파일 : [06차시] 폴더

작품 미리보기

모양을 다음 모양으로 계속 바꾸고 나무와 비슷한 색으로 색을 변경한 후 말을 해요.

일정 시간(초) 동안 지정한 x-y 위치로 이동한 후 나뭇잎 색으로 변경하고 말을 해요.

오늘의 코딩블록

지정한 효과를 입력한 값만큼 오브젝트에 적용해요.

입력한 시간(초)에 맞추어 입력한 x-y 좌표 위치로 움직여요.

STEP 01 카멜레온 모양을 계속 바꾸기

01 파일 탐색기를 실행한 후 [06차시]-[실습] 폴더에서 **카멜레온.ent** 파일을 더블클릭해요.

02 **카멜레온**을 선택하고 의 시작하기 버튼을 클릭했을 때 를 블록 조립소로 드래그한 후 의 계속 반복하기 를 연결해요.

> **TIP**
>
> '카멜레온'에는 입을 벌리는 모양이 미리 추가되어 있어요.

03 모양을 계속 바꾸기 위해 의 다음▼ 모양으로 바꾸기 를 반복 블록 안쪽에 연결한 후 의 2 초 기다리기 를 연결하고 초를 0.5로 변경해요.

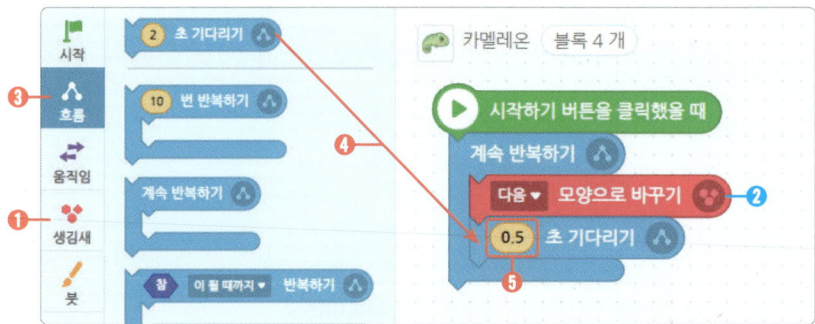

STEP 02 카멜레온의 색과 위치를 변경하기

01 카멜레온이 선택된 상태에서 의 시작하기 버튼을 클릭했을 때 를 블록 조립소로 드래그한 후 의 2 초 기다리기 를 연결하고 초를 1로 변경해요.

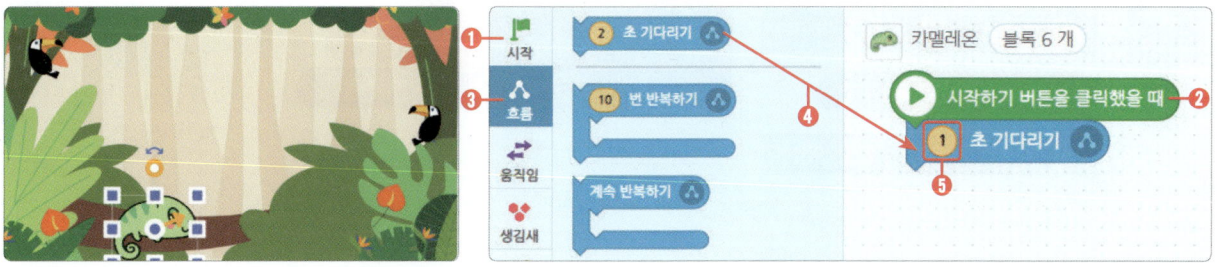

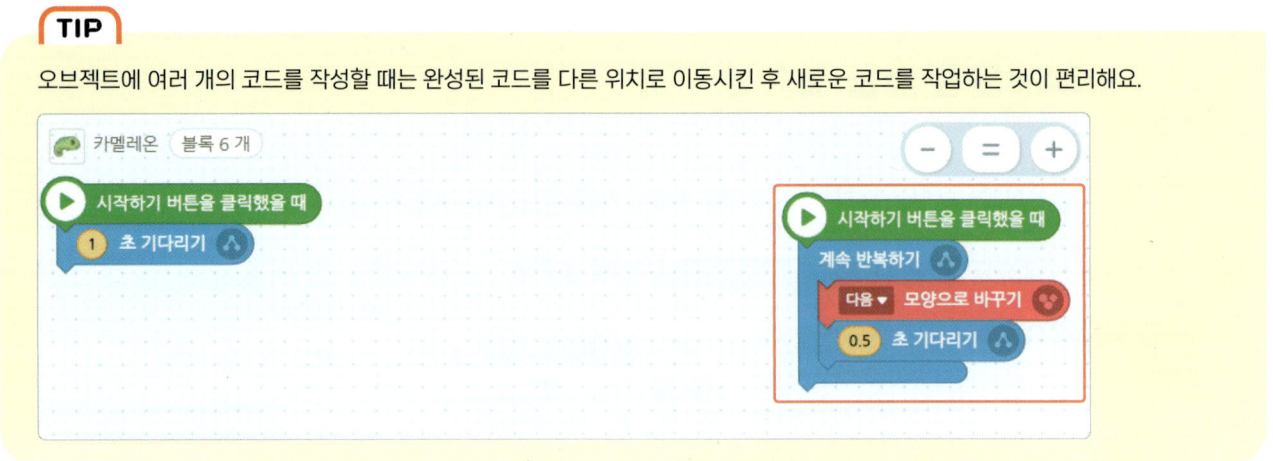

02 카멜레온의 색을 변경한 후 말을 하기 위해 🍡의 색깔▼ 효과를 10 만큼 주기와 안녕! 을(를) 4 초 동안 말하기를 연결하고 말을 "**나 찾아봐라?**", 초를 **2**로 변경해요.

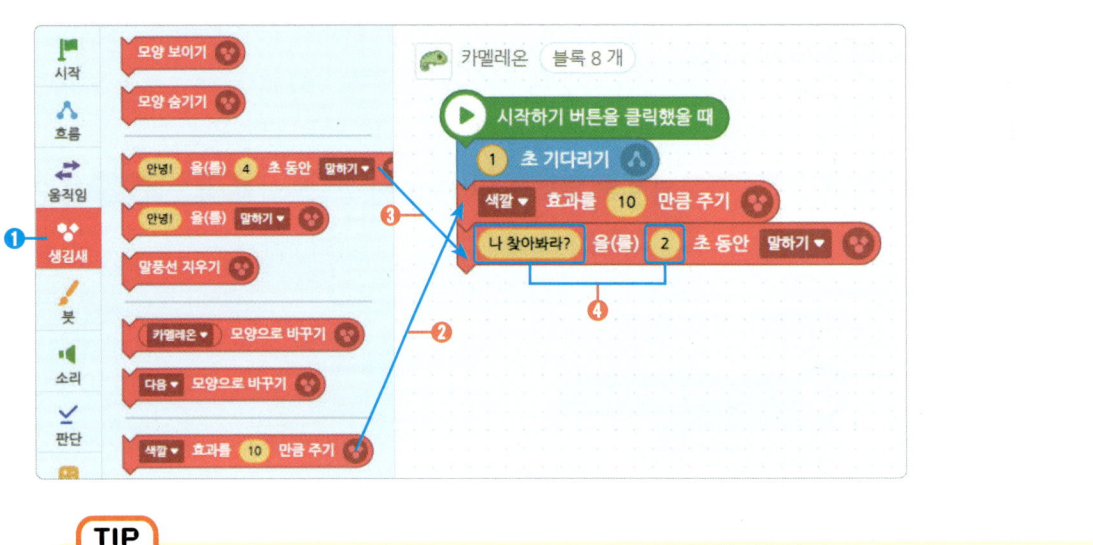

03 입력한 시간(초) 동안 지정된 x-y 위치로 이동하기 위해 🔄의 2 초 동안 x: 10 y: 10 만큼 움직이기를 연결하고 x는 **90**, y는 **-90**으로 변경해요.

① 오브젝트의 위치를 나타내는 기준으로 가로는 x, 세로는 y로 표시해요. x 좌표는 −240부터 240, y 좌표는 −135부터 135까지 위치를 지정할 수 있어요.

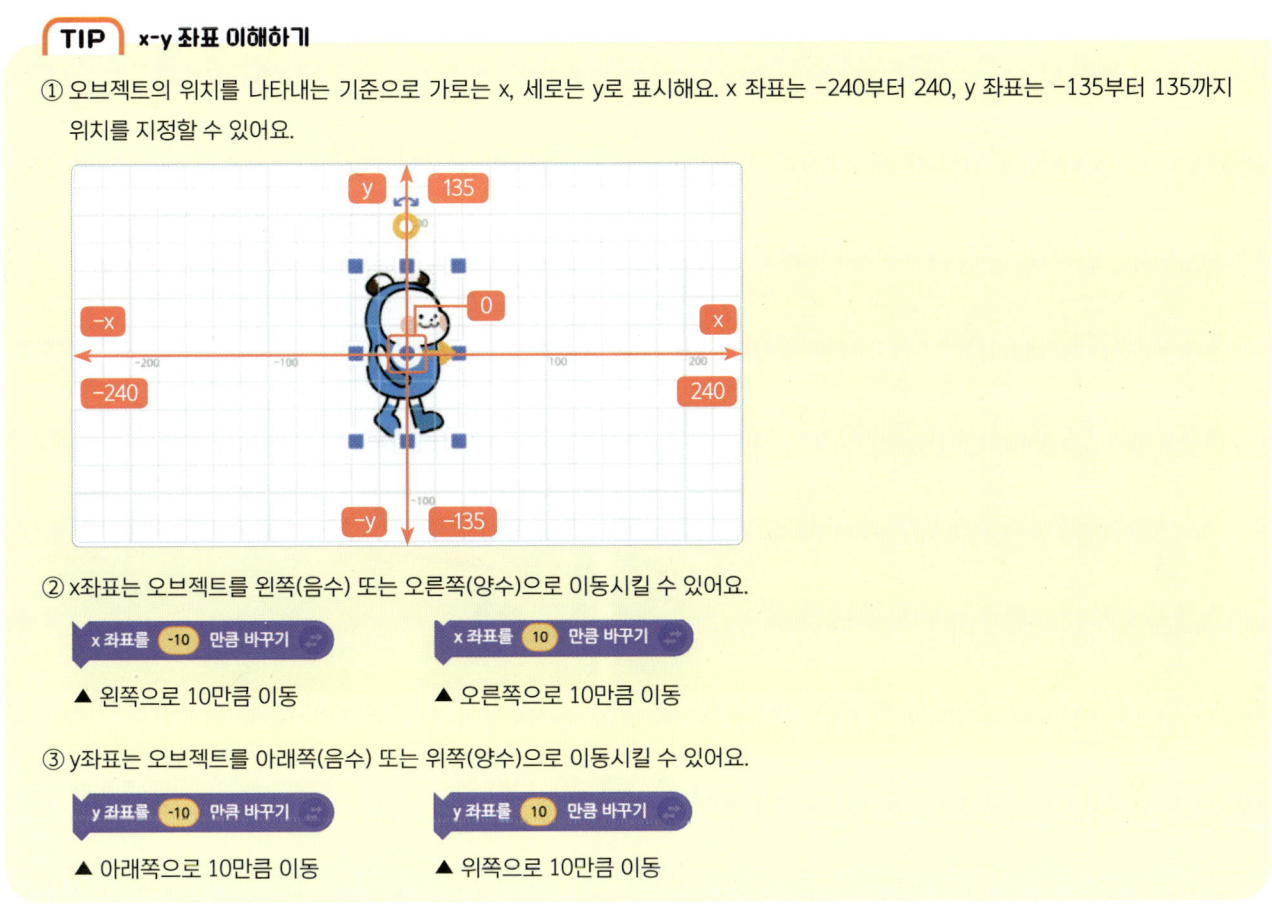

② x좌표는 오브젝트를 왼쪽(음수) 또는 오른쪽(양수)으로 이동시킬 수 있어요.

x 좌표를 -10 만큼 바꾸기   x 좌표를 10 만큼 바꾸기

▲ 왼쪽으로 10만큼 이동   ▲ 오른쪽으로 10만큼 이동

③ y좌표는 오브젝트를 아래쪽(음수) 또는 위쪽(양수)으로 이동시킬 수 있어요.

y 좌표를 -10 만큼 바꾸기   y 좌표를 10 만큼 바꾸기

▲ 아래쪽으로 10만큼 이동   ▲ 위쪽으로 10만큼 이동

04 1초 후에 색을 변경하고 말을 하기 위해 의 2 초 기다리기 를 연결한 후 초를 **1**로 변경해요.

05 의 색깔▼ 효과를 10 만큼 주기 와 안녕! 을(를) 4 초 동안 말하기▼ 를 연결한 후 효과를 55, 말을 "**나 찾아봐라?**", 초를 2 로 각각 변경해요.

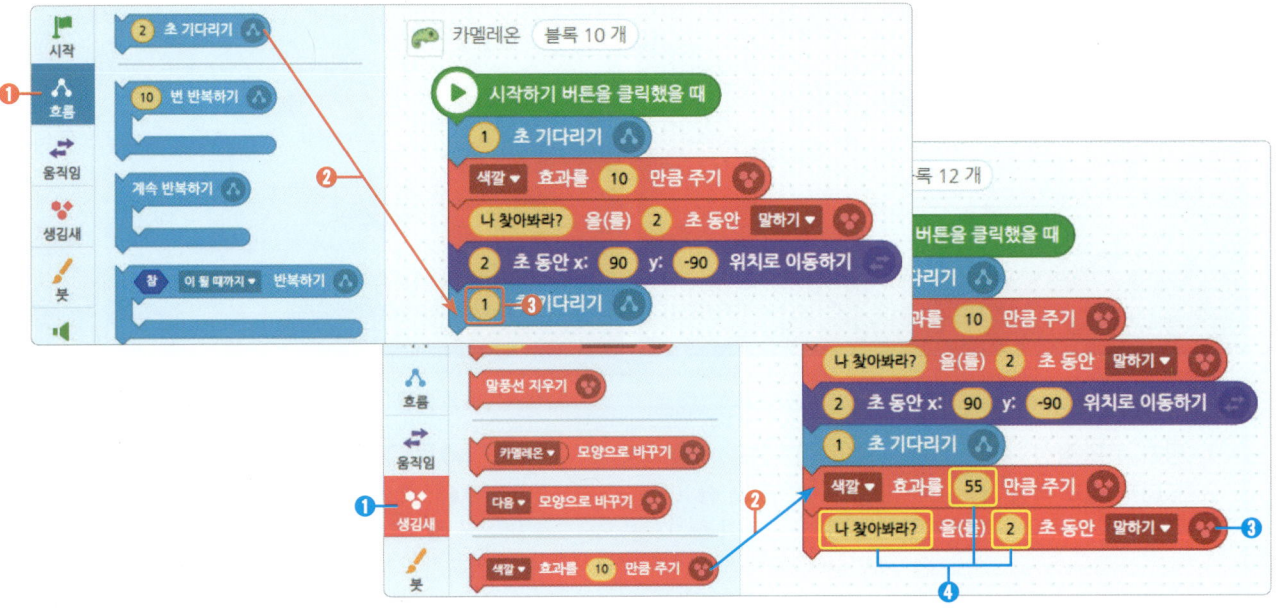

06 코드 작업이 끝나면 ▶시작하기 를 클릭하여 결과를 확인한 후 복사본으로 파일(홍길동_카멜레온)을 저장해요.

미션 해결하기

01 그림 내용과 힌트를 참고하여 '귀신'에 코드를 작성해요.

● 실습 및 완성 파일 : [06차시]-[실습]-귀신의 집.ent

오브젝트를 클릭하면 반복하여 투명도 효과를 주고
x 좌표를 입력한 값만큼 바꿔서 왼쪽으로 이동해요.

왼쪽으로 이동할 때 다음 모양으로 바꾸고
입력한 초를 기다려요.

✦HINT✦

1. '귀신' 코드 작성 : ❶ 오브젝트를 클릭했을 때 ❷ ③~⑥을 '10'번 반복하기 ❸ '투명도' 효과를 '10'만큼 주기 ❹ x 좌표를 '-30'만큼 바꾸기 ❺ '다음' 모양으로 바꾸기 ❻ '0.2'초 기다리기

02 그림 내용과 힌트를 참고하여 '망치'와 '두더지'에 코드를 작성해요.

● 실습 및 완성 파일 : [06차시]-[실습]-두더지 잡기.ent

'망치'가 마우스 포인터를 계속 따라다녀요.

'두더지'를 클릭하면 모양과 색깔이 바뀌고
임의의 위치로 이동해요.

✦HINT✦

1. '망치' 코드 작성 : ❶ 시작하기 버튼을 클릭했을 때 ❷ ③을 계속 반복하기 ❸ '마우스포인터' 위치로 이동하기
2. '두더지' 코드 작성 : ❶ 오브젝트를 클릭했을 때 ❷ '다음' 모양으로 바꾸기 ❸ '색깔' 효과를 '10'만큼 주기 ❹ '1'초 기다리기 ❺ 효과 모두 지우기 ❻ '다음' 모양으로 바꾸기 ❼ x: ❽ '-200'부터 '200' 사이의 무작위 수 y: ❾ '-80'부터 '80' 사이의 무작위 수 위치로 이동하기

CHAPTER 07 배고픈 카멜레온

카멜레온은 몸의 색을 바꿔 위장한 후 긴 혀를 이용해 곤충을 잡아먹고 살아요. 엔트리를 이용하여 곤충이 날아오면 혀를 내밀어 잡는 모습을 만들어봐요.

학습목표

- 오브젝트를 지정된 위치로 계속 반복하여 이동시킬 수 있습니다.
- 조건을 이용하여 특정 오브젝트에 닿았는지 판단할 수 있습니다.
- 조건에 만족하였을 경우 오브젝트의 모양을 숨길 수 있습니다.

실습 및 완성 파일 : [07차시] 폴더

작품 미리보기

'곤충'이 지정된 왼쪽과 오른쪽 위치로 계속 반복해서 이동해요.

'카멜레온'을 클릭하면 모양이 바뀌고 '곤충'이 '카멜레온'에 닿으면 모양을 숨겨요.

오늘의 코딩블록

지정한 조건에 맞으면 조건 블록 안쪽의 블록을 실행해요.

오브젝트의 모양을 실행 화면에 보이게 하거나 숨겨요.

입력한 시간(초)에 맞추어 입력한 x-y 좌표 위치로 이동해요.

카멜레온을 클릭하면 혀를 내미는 모습으로 바꾸기

01 파일 탐색기를 실행한 후 [07차시]-[실습] 폴더에서 **곤충잡기.ent** 파일을 더블클릭해요.

02 **카멜레온**을 선택하고 시작의 _{오브젝트를 클릭했을 때} 를 블록 조립소로 드래그한 후 생김새의 _{다음▼ 모양으로 바꾸기} 를 연결해요.

> **TIP**
>
> '카멜레온'을 클릭하면 혀를 내미는 모습으로 모양이 바뀌며, 해당 모양은 미리 추가되어 있어요.

03 원래 모양으로 바꾸기 위해 흐름의 _{2 초 기다리기} 를 연결하고 초를 0.5로 변경한 후 생김새의 _{다음▼ 모양으로 바꾸기} 를 연결해요.

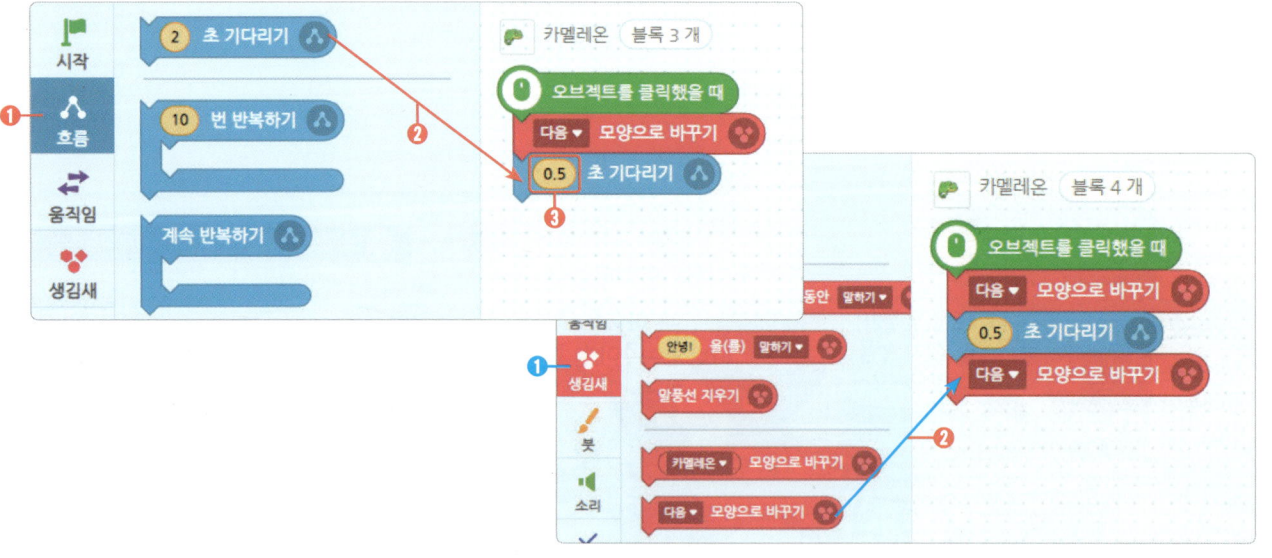

> **TIP**
>
> '카멜레온'을 클릭하면 혀를 내미는 모양으로 바뀌었다가 다시 원래의 모양으로 바뀌어요.

곤충을 좌-우로 반복하여 이동시키고 카멜레온에 닿으면 모양을 숨기기

01 **곤충**을 선택하고 ▶의 ▷ 시작하기 버튼을 클릭했을 때 를 블록 조립소로 드래그한 후 의 를 연결해요.

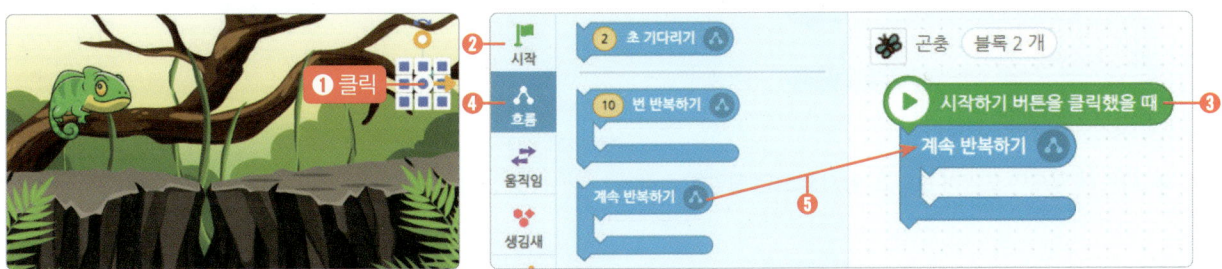

02 곤충을 좌-우로 계속 이동시키기 위해 의 `2 초 동안 x: 10 y: 10 위치로 이동하기` 2개를 반복 블록 안쪽에 연결해요.

03 첫 번째 블록의 x-y 좌표(x: -70, y: 60)와 두 번째 블록의 x-y 좌표(x: 200, y: 60)를 각각 변경해요.

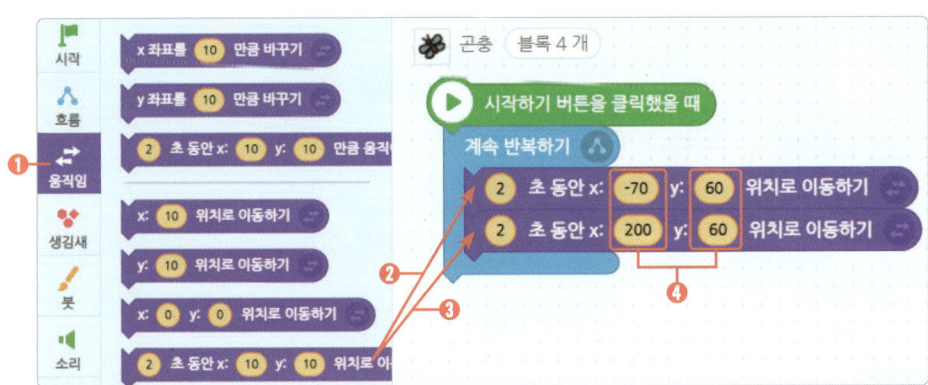

> **TIP**
>
> '곤충'이 계속 반복해서 2초 동안 왼쪽 x -70 위치로 이동한 후 다시 2초 동안 오른쪽 x 200 위치로 이동해요. '곤충'이 좌-우로만
> 이동하기 때문에 y 좌표는 현재 곤충의 y 좌표값인 '60'으로 고정해요.

04 카멜레온에 닿았는지 확인하기 위해 의 을 x-y 위치로 이동하기 블록 사이에 연결한 후 의
`마우스포인터 ▼ 에 닿았는가?` 를 참에 끼워 넣고 대상을 **카멜레온**으로 변경해요.

05 카멜레온에 닿으면 곤충을 실행 화면에서 숨기기 위해 ⚬ 의 모양 숨기기 ⚬ 를 조건 블록 안쪽에 연결해요.

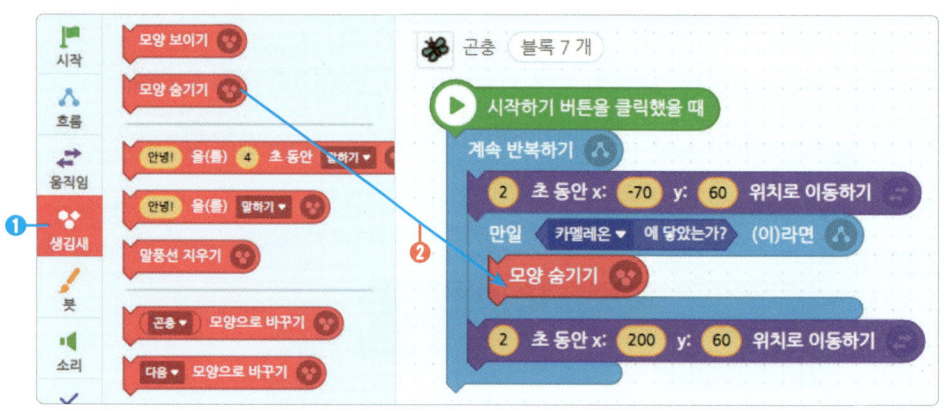

06 코드 작업이 끝나면 ▶ 시작하기 를 클릭하여 결과를 확인한 후 복사본으로 파일(홍길동_곤충잡기)을 저장해요.

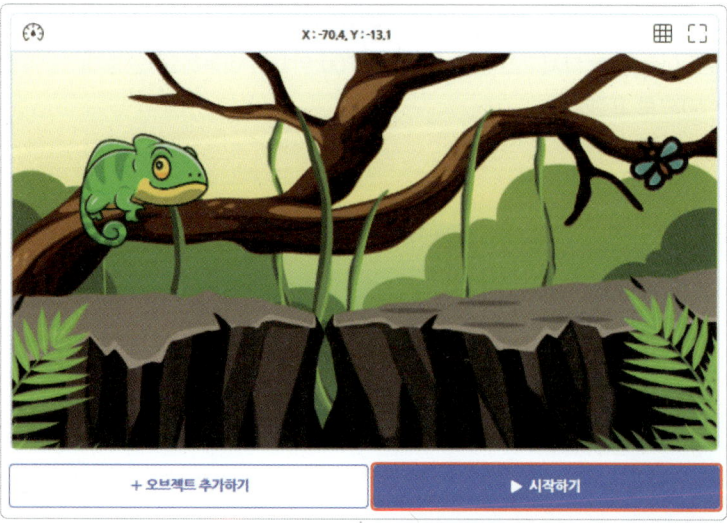

코딩런
미션 해결하기

01 그림 내용과 힌트를 참고하여 '손'과 '똥'에 코드를 작성해요.

● 실습 및 완성 파일 : [07차시]-[실습]-똥치우기.ent

'손'은 마우스 포인터를 계속 따라다니고,
'똥'은 '손'에 닿으면 손을 계속 따라다녀요.

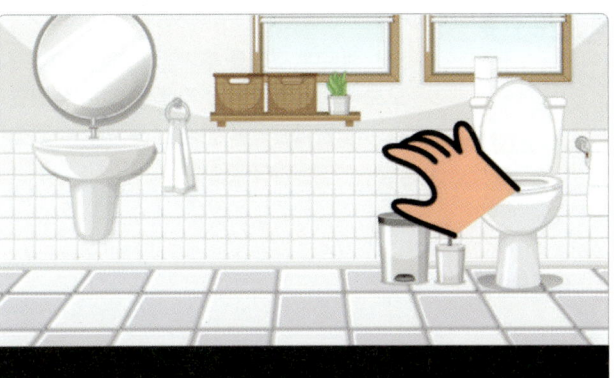

마우스를 클릭하면 '똥'이 실행 화면에서 보이지 않게 숨겨요.

✦ HINT ✦

1. '손' 코드 작성 : ❶ 시작하기 버튼을 클릭했을 때 ❷ ③을 계속 반복하기 ❸ '마우스포인터' 위치로 이동하기
2. '똥' 코드 작성 : [코드1] → ❶ 시작하기 버튼을 클릭했을 때 ❷ ③~⑤를 계속 반복하기 ❸ 만일 ❹ '손'에 닿았는가?
   이라면 ❺ '손' 위치로 이동하기 [코드2] → ❶ 마우스를 클릭했을 때 ❷ 모양 숨기기

02 그림 내용과 힌트를 참고하여 '모기'에 코드를 작성해요.

● 실습 및 완성 파일 : [07차시]-[실습]-모기잡기.ent

'모기'가 모양을 바꿔 좌-우로 반복해서 날아다녀요.

'살충제'를 클릭하면 모양이 바뀌고 '모기'가 '살충제'에 닿으면
실행 화면에서 보이지 않게 숨겨요.

✦ HINT ✦

1. '모기' 코드 작성 : ❶ 시작하기 버튼을 클릭했을 때 ❷ ③~⑨를 계속 반복하기 ❸ '2'초 동안 'x: 100 y: -10' 위치로
   이동하기 ❹ '다음' 모양으로 바꾸기 ❺ 만일 ❻ '살충제'에 닿았는가? 이라면 ❼ 실행 ❼ 모양 숨기
   기 ❽ '2'초 동안 'x: -180 y: -10' 위치로 이동하기 ❾ '다음' 모양으로 바꾸기

TIP '살충제'에는 오브젝트를 클릭하면 모양이 바뀌는 코드가 미리 추가되어 있어요.

CHAPTER 08 사람 말을 따라하는 앵무새 키우기

앵무새는 모방 학습 능력이 뛰어난 동물로 말소리를 훈련시킬 수 있어요. 훈련할 때는 짧고 명확하게 단어를 반복해서 말하고 잘했을 때는 칭찬과 간식으로 보상해 주세요. 훈련 방법을 참고하여 엔트리로 사람의 말소리를 앵무새가 따라하도록 만들어봐요.

학습목표

- 오브젝트에 소리를 추가할 수 있습니다.
- 오브젝트에 추가한 소리를 편집할 수 있습니다.
- 소리를 원하는 길이만큼만 재생할 수 있습니다.

실습 및 완성 파일 : [08차시] 폴더

작품 미리보기

'얼굴'에 소리를 추가한 후 모양을 바꿔가며 소리를 재생해요.	'앵무새'에 소리를 추가하여 사람의 말을 따라 소리를 재생하고, 특정 소리(바보야)를 줄여(바보)서 놀리듯이 말해요.

오늘의 코딩블록

오브젝트가 선택한 소리를 재생해요.	오브젝트가 선택한 소리를 지정한 초만큼만 재생해요.

STEP 01 오브젝트에 소리를 추가하고 편집하기

01 파일 탐색기를 실행한 후 [08차시]-[실습] 폴더에서 **앵무새.ent** 파일을 더블클릭한 후 **얼굴**을 선택해요.

02 소리를 추가하기 위해 **[소리]** 탭에서 <code>소리 추가하기</code> 를 클릭한 후 **[파일 올리기]-[파일 올리기]**를 선택해요.

03 [08차시]-[실습] 폴더에서 **바보야**와 **사랑해**를 선택하고 **<열기>**를 클릭한 후 **<추가하기>**를 클릭해요.

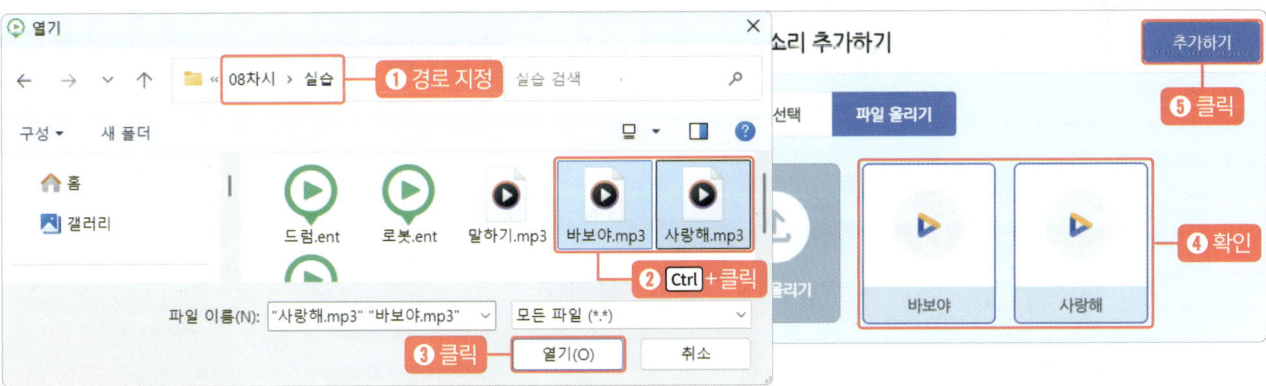

04 같은 방법으로 **앵무새**에도 **바보야**와 **사랑해** 소리 파일을 추가해요. 이어서, **바보야** 소리를 선택하고 끝 지점 조절 바(❙❙)를 왼쪽으로 드래그하여 공간을 없앤 후 **<저장하기>**를 클릭해요.

얼굴 모양을 바꿔가며 소리 재생하기

01 얼굴을 선택하고 **[블록]** 탭을 클릭한 후 🏁의 ▶ 시작하기 버튼을 클릭했을 때 를 블록 조립소로 드래그해요.

02 말을 하고 모양을 바꾸기 위해 🔅의 안녕! 을(를) 4 초 동안 말하기 와 얼굴 ▼ 모양으로 바꾸기 를 연결한 후 말을 "**잘 따라해봐~!**", 초를 2, 모양을 **얼굴 사랑**으로 각각 변경해요.

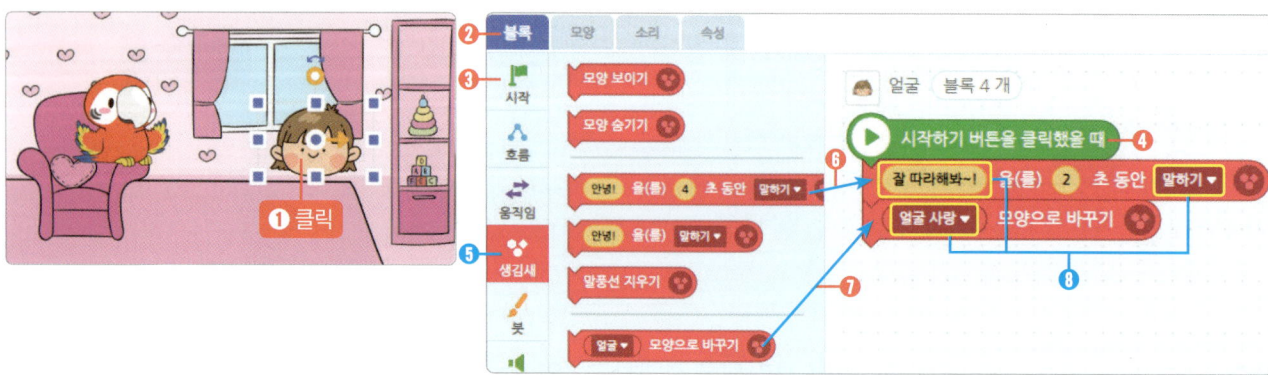

03 소리를 재생하기 위해 🔊의 소리 바보야 ▼ 재생하기 를 연결하고 소리를 **사랑해**로 변경한 후 ♨의 2 초 기다리기 를 연결해요.

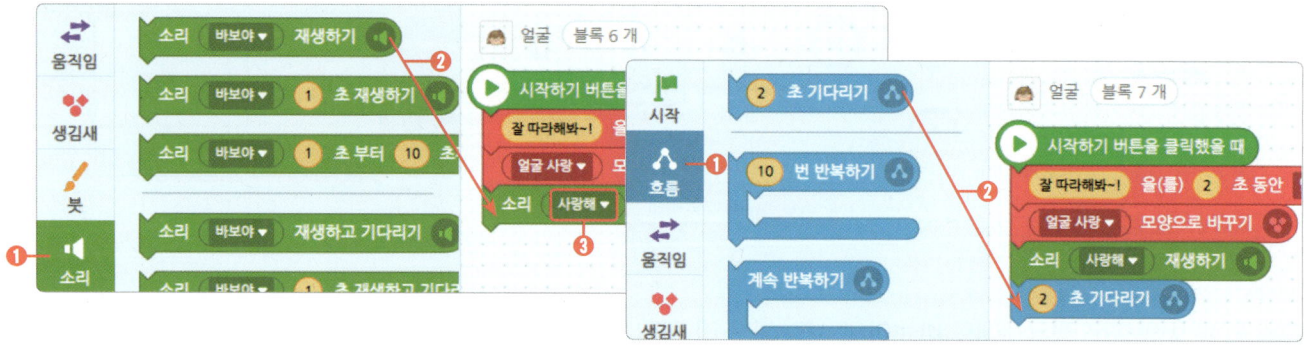

04 기본 모양으로 바꾸기 위해 🔅의 얼굴 ▼ 모양으로 바꾸기 를 연결한 후 ♨의 2 초 기다리기 를 연결해요.

05 ['얼굴 사랑' 모양으로 바꾸기] 블록 위에서 마우스 오른쪽 버튼을 눌러 [코드 복사 & 붙여넣기]를 클릭해요.

06 코드가 복사되면 아래쪽에 연결한 후 **모양(얼굴 놀림)**과 **소리(바보야)**를 변경해요. 이어서, 🎨 의 `얼굴▼ 모양으로 바꾸기`를 맨 아래쪽에 연결하여 모양을 **얼굴 화남**으로 변경해요.

STEP 03 앵무새가 모양을 바꿔가며 소리 재생하기

01 **앵무새**를 선택하고 🏁의 `시작하기 버튼을 클릭했을 때`를 블록 조립소로 드래그한 후 🔼의 `2 초 기다리기`를 연결하고 초를 **4**로 변경해요.

02 모양을 바꾸기 위해 🎨의 `앵무새▼ 모양으로 바꾸기`를 연결하고 모양을 **앵무새 사랑**으로 변경해요.

03 소리를 재생하기 위해 🔊의 `소리 바보야▼ 재생하기`를 연결하고 소리를 **사랑해**로 변경한 후 🔼의 `2 초 기다리기`를 연결해요.

04 모양을 바꾸기 위해  의 앵무새 ▼ 모양으로 바꾸기 2개를 연결하고 두 번째 블록의 모양을 **앵무새 놀림**으로 변경한 후 흐름 의 2 초 기다리기 를 모양 바꾸기 블록 사이에 연결해요.

05 지정된 초까지만 소리를 재생하기 위해 소리 의 소리 바보야 ▼ 1 초 부터 10 초까지 재생하기 를 연결한 후 초를 0부터 0.4초로 변경해요.

TIP

선택한 소리(바보야)가 0부터 0.4초까지만 재생되어 "바보"만 재생돼요.

06 모양을 바꾸기 위해 흐름 의 2 초 기다리기 를 연결한 후 생김새 의 앵무새 ▼ 모양으로 바꾸기 를 연결해요.

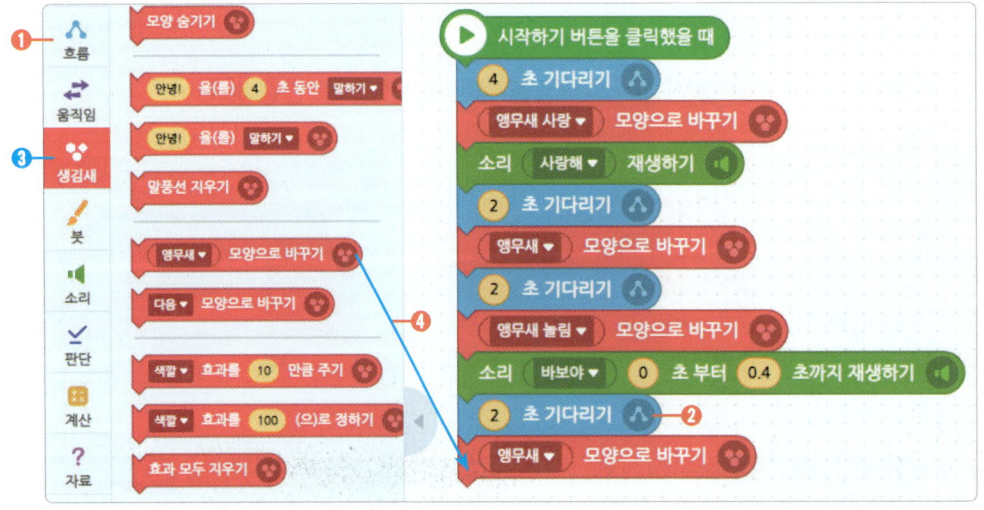

TIP

'얼굴'이 모양을 바꿔 소리를 재생하면 시간차(4초)에 맞추어 '앵무새'도 모양을 바꿔 같은 소리를 재생해요. 하지만 '앵무새'의 마지막 소리(바보야)는 0.4초까지만 재생되어 '바보'로 들려요.

07 코드 작업이 끝나면 ▶ 시작하기 를 클릭하여 결과를 확인한 후 복사본으로 파일(홍길동_앵무새)을 저장해요.

코딩런
미션 해결하기

01 그림 내용과 힌트를 참고하여 '큰북', '중간북', '작은북', '작은판', '큰판'에 코드를 작성해요.

● 실습 및 완성 파일 : [08차시]-[실습]-드럼.ent

각각의 오브젝트에 드럼 연주에 필요한 소리를 추가해요.

각각의 오브젝트를 클릭하면 선택한 소리가 재생돼요.

✦HINT✦

1. 오브젝트마다 [악기] 탭-[드럼]에서 소리를 추가 : 큰북(가장 큰 탐탐), 중간북(큰 탐탐), 작은북(작은 탐탐), 작은판(라이드 심벌), 큰판(크래쉬 심벌)

2. '큰북', '중간북', '작은북', '작은판', '큰판' 코드 작성 : ❶ 시작하기 버튼을 클릭했을 때 ❷ ③~⑤를 계속 반복하기 ❸ 만일 ❹ 오브젝트를 클릭했는가? 이라면 ⑤ 실행 ❺ 소리 ○ 재생하기

TIP '스틱'은 마우스 포인터를 따라다니는 코드가 미리 추가되어 있으며, '⑤ 소리 ○재생하기'의 소리는 각각의 오브젝트에 추가한 소리(예 : 가장 큰 탐탐, 라이드 심벌, 크래쉬 심벌 등)를 선택해요.

02 그림 내용과 힌트를 참고하여 '캐릭터'와 '로봇'에 코드를 작성해요.

● 실습 및 완성 파일 : [08차시]-[실습]-로봇.ent

로봇이 얼마나 말을 잘 들을까?

'캐릭터'에 소리를 추가한 후 생각과 함께 필요한 것을 말해요.

물은 네가 떠 먹어라~!

'로봇'에 소리를 추가한 후 로봇이 하고 싶은 말을 생각해요.

✦HINT✦

1. 오브젝트마다 소리를 추가 : 캐릭터([파일 올리기]-말하기.mp3), 로봇([판타지] 탭-'로보트')

2. '캐릭터' 코드 작성 : ❶ 시작하기 버튼을 클릭했을 때 ❷ "로봇이 얼마나 말을 잘 들을까?"를 '3'초 동안 '생각하기' ❸ 소리 '말하기' 재생하기 ❹ '5'초 기다리기 ❺ "쟤 뭐라고 하는 거야?"를 '말하기'

3. '로봇' 코드 작성 : ❶ 시작하기 버튼을 클릭했을 때 ❷ '5'초 기다리기 ❸ 소리 '로보트' 재생하기 ❹ "물은 네가 가져다 먹어라~"를 '2'초 동안 '생각하기'

CHAPTER 09

앵무새 IQ 테스트하기

앵무새는 사람의 말을 따라하는 것을 넘어 색이나 모양도 구분할 수 있어요. 엔트리를 이용하여 카드의 색상(모양 포함)과 숫자가 바뀔 때마다 똑같은 카드를 찾을 수 있도록 만들어 보세요.

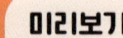
학습목표

- 글상자 오브젝트를 추가할 수 있습니다.
- 무작위 수로 글상자의 글자 내용을 1 또는 2로 변경할 수 있습니다.
- 오브젝트에 0과 1 사이의 무작위 값으로 색 효과를 정할 수 있습니다.

실습 및 완성 파일 : [09차시] 폴더

작품 미리보기

글상자를 추가한 후 글자 내용을 모두 지워요.

글상자 내용이 '1' 또는 '2'로 표시되었다가 사라지고, 카드는 색이 변경되었다가 다시 원래대로 돌아와요.

오늘의 코딩블록

엔트리 라고 글쓰기	색깔 효과를 100 (으)로 정하기	효과 모두 지우기
입력한 글자를 글상자 오브젝트에 표시해요.	'색깔, 밝기, 투명도'를 입력한 값으로 정하여 오브젝트에 효과를 줘요.	오브젝트에 적용된 효과를 모두 지워요.

STEP 01 글상자 오브젝트 추가하기

01 파일 탐색기를 실행한 후 [09차시]-[실습] 폴더에서 **카드 테스트.ent** 파일을 더블클릭한 후 글상자를 추가하기 위해 ⎡ + 오브젝트 추가하기 ⎤를 클릭해요.

02 [글상자] 탭에서 텍스트("**카드1**")를 입력하고 **굵게**와 **배경색(투명)**을 지정한 후 <**추가하기**>를 클릭해요.

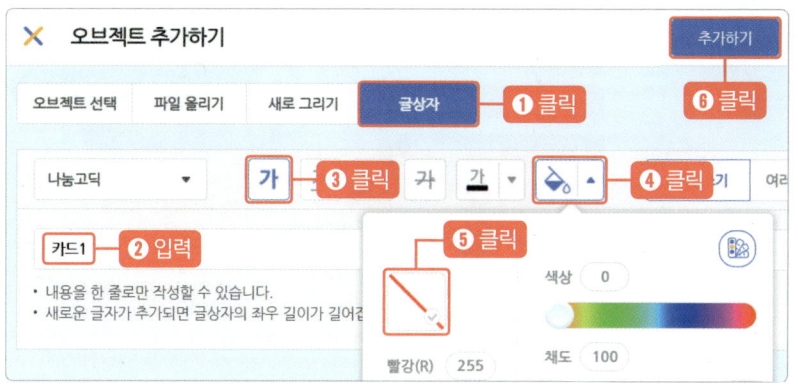

> **TIP**
>
> 글상자 오브젝트가 추가되면 [모양] 탭이 [글상자] 탭으로 변경돼요. [글상자] 탭에서는 '내용'이나 '서식'을 변경할 수 있어요.

03 삽입된 글상자를 아래 그림처럼 위치를 변경한 후 오브젝트 이름을 **카드1**로 변경해요. 똑같은 방법으로 아래 그림을 참고하여 **카드2**와 **카드3** 글상자를 추가해요.

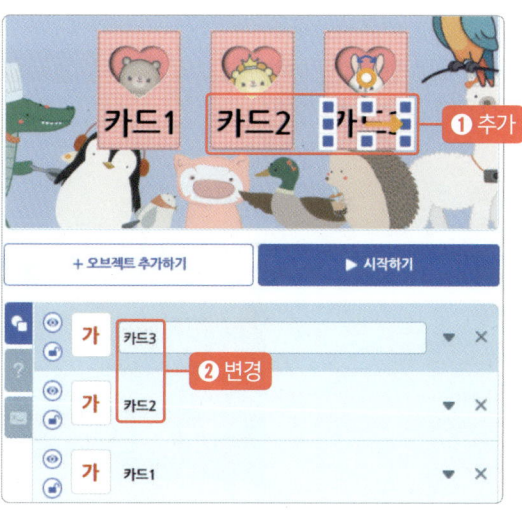

> **TIP**
>
> 글상자의 크기 조절점을 드래그하여 글자 크기를 변경할 수 있어요.

STEP 02 글상자 내용을 1과 2로 계속 변경하여 글쓰기

01 카드1을 선택한 후 [블록] 탭에서 <시작>의 시작하기 버튼을 클릭했을 때 를 블록 조립소로 드래그해요. 이어서, <글상자>의 엔트리 라고 글쓰기 가 를 연결한 후 글자 내용을 모두 지워요.

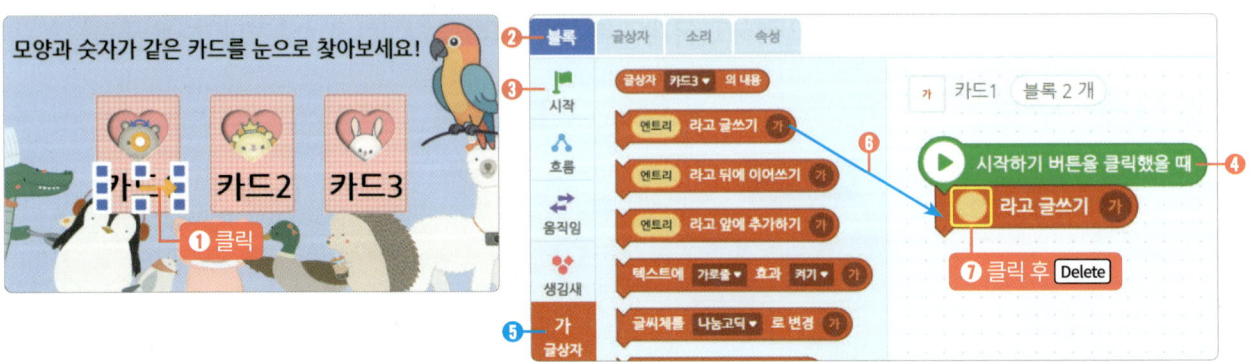

TIP

엔트리 라고 글쓰기 가 글자 내용을 지우면 장면이 실행되었을 때 아무 글자도 표시되지 않아요.

02 계속 반복하기 위해 <흐름>의 계속 반복하기 를 연결하고 2 초 기다리기 를 반복 블록 안쪽에 연결해요.

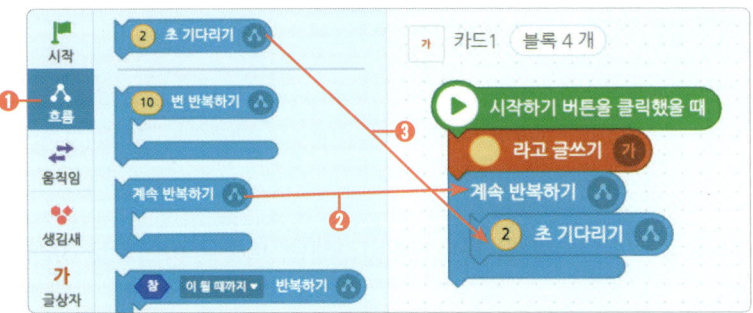

03 글자 내용을 1 또는 2로 변경하기 위해 <글상자>의 엔트리 라고 글쓰기 가 를 연결한 후 <계산>의 0 부터 10 사이의 무작위 수 를 입력 란에 끼워 넣고 값을 1과 2로 변경해요.

04 글자 내용을 지우기 위해 [흐름]의 [2 초 기다리기]를 연결한 후 [글상자]의 [엔트리 라고 글쓰기]를 연결하고 글자 내용을 모두 지워요.

TIP

장면이 실행되면 글상자의 글자 내용을 지우고 '1' 이나 '2' 중에서 하나를 썼다가 다시 지우는 작업을 계속 반복해요.

05 코드를 복사하기 위해 [시작하기 버튼을 클릭했을 때] 블록 위에서 마우스 오른쪽 버튼을 눌러 [코드 복사]를 클릭해요. 복사한 코드를 **카드2**와 **카드3** 글상자에 붙여 넣어요.

03 **카드 색깔을 0부터 1 사이의 값으로 계속 바꾸기**

01 오브젝트 목록에서 **카드1**을 선택하고 [시작]의 [시작하기 버튼을 클릭했을 때]를 블록 조립소로 드래그해요.

02 계속 반복하기 위해 [흐름]의 [계속 반복하기]를 연결하고 [2 초 기다리기]를 반복 블록 안쪽에 연결해요.

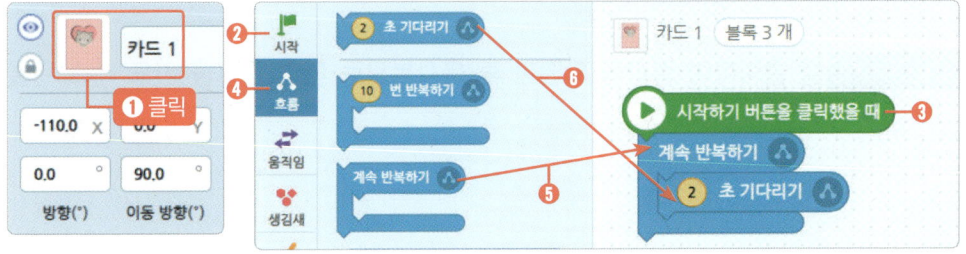

03 무작위 수로 색깔 효과를 정하기 위해 [생김새]의 [색깔▼ 효과를 100 (으)로 정하기]를 연결한 후 [계산]의 [0 부터 10 사이의 무작위 수]를 값에 끼워 넣고 값을 0과 1로 변경해요.

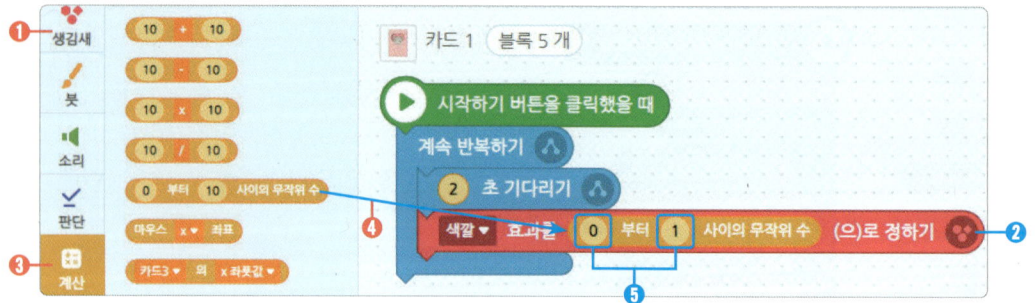

04 색상을 원래대로 되돌리기 위해 [흐름]의 [2 초 기다리기]를 연결한 후 [생김새]의 [효과 모두 지우기]를 연결해요.

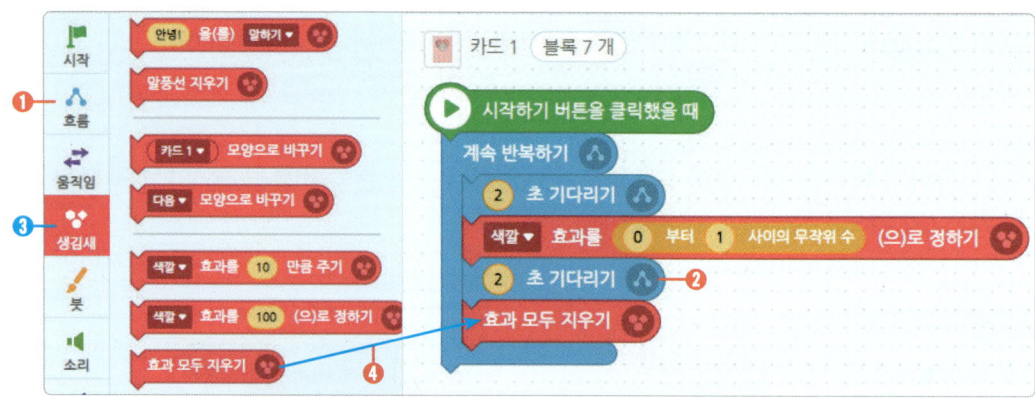

05 코드를 복사하기 위해 [시작하기 버튼을 클릭했을 때] 블록 위에서 마우스 오른쪽 버튼을 눌러 [코드 복사]를 클릭해요. 복사한 코드를 **카드2**와 **카드3** 그림 오브젝트에 붙여 넣어요.

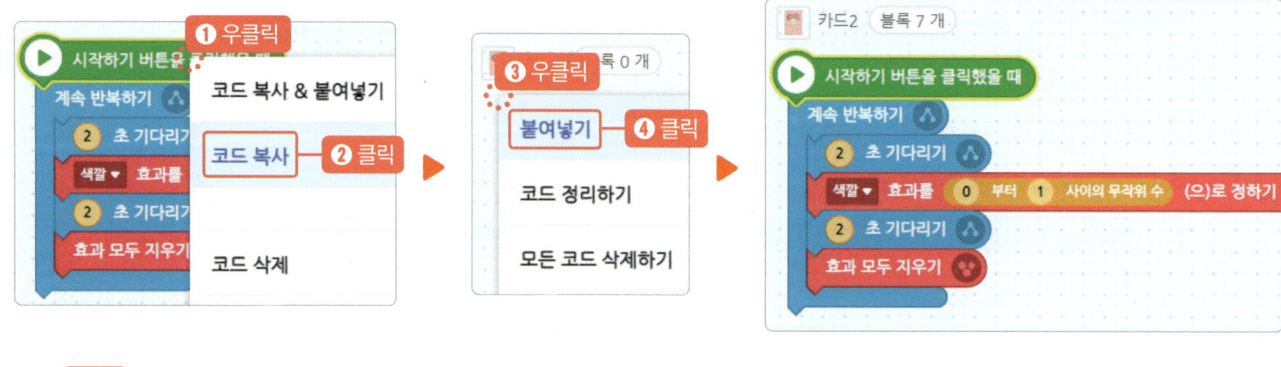

TIP

장면이 실행되면 카드의 색이 0부터 1 사이의 값으로 정해졌다가 다시 원래 색으로 변경되는 작업을 계속 반복해요.

06 코드 작업이 끝나면 [▶ 시작하기]를 클릭하여 결과를 확인한 후 복사본으로 파일(홍길동_카드 테스트)을 저장해요.

코딩런 미션 해결하기

01 그림 내용과 힌트를 참고하여 '준비', '달리기 캐릭터' '달리기 루팡'에 코드를 작성해요.

● 실습 및 완성 파일 : [09차시]-[실습]-달리기.ent

출발~

글상자를 추가한 후 "준비"가 "출발"로 변경되면
오브젝트가 뛰는 모양으로 바뀌어요.

인줄알았지~~ㅎㅎ

글상자 내용이 장난스러운 문장으로 변경되면
오브젝트가 당황하는 모양으로 바뀌어요.

◆ HINT ◆

1. '준비' 글상자 추가하기 : 텍스트(준비), 굵게, 배경색(투명), 크기 및 위치 변경
2. '준비' 코드 작성 : ❶ 시작하기 버튼을 클릭했을 때 ❷ '2'초 기다리기 ❸ "출발~"라고 글쓰기 ❹ '1'초 기다리기 ❺ "인줄 알았지~~ㅎㅎ"라고 글쓰기
3. '달리기 캐릭터'와 '달리기 루팡' 코드 작성 : ❶ 시작하기 버튼을 클릭했을 때 ❷ '2'초 기다리기 ❸ '다음' 모양으로 바꾸기 ❹ '1.5'초 동안 'x: 100 y: 0' 만큼 움직이기 ❺ '다음' 모양으로 바꾸기

02 그림 내용과 힌트를 참고하여 '카운트다운'과 '우주선'에 코드를 작성해요.

● 실습 및 완성 파일 : [09차시]-[실습]-카운트다운.ent

글상자를 추가하고 3-2-1-0으로 글자가 바뀐 후
오브젝트를 숨겨요.

카운트다운이 끝나면 '우주선' 오브젝트의 모양을 바꾸고
위쪽으로 이동해요.

◆ HINT ◆

1. '카운트다운' 글상자 추가하기 : 텍스트(3), 굵게, 배경색(투명), 크기 및 위치 변경, 오브젝트 이름 변경(카운트다운)
2. '카운트다운' 코드 작성 : ❶ 시작하기 버튼을 클릭했을 때 ❷ '1'초 기다리기 ❸ "2"라고 글쓰기 ❹ '1'초 기다리기 ❺ "1"라고 글쓰기 ❻ '1'초 기다리기 ❼ "0"라고 글쓰기 ❽ '1'초 기다리기 ❾ 모양 숨기기
3. '우주선' 코드 작성 : ❶ 시작하기 버튼을 클릭했을 때 ❷ '4'초 기다리기 ❸ '우주선 발사' 모양으로 바꾸기 ❹ '2'초 동안 'x: 110 y: 130' 위치로 이동하기

CHAPTER 10

천재 앵무새와 대화하기

앵무새를 몇 년 동안 교육했더니 다른 목소리로도 말을 따라하게 되었어요. 앵무새가 목소리도 바꾸고 한글을 영어로 말할 수 있도록 엔트리의 인공지능 기능을 이용하여 만들어봐요.

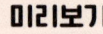

- 엔트리에서 지원하는 인공지능 블록을 사용할 수 있습니다.
- 입력한 글자를 원하는 목소리로 소리 내어 읽을 수 있습니다.
- 입력한 글자를 영어로 번역하여 소리 내어 읽을 수 있습니다.

실습 및 완성 파일 : [10차시] 폴더

작품 미리보기

'캐릭터'가 "배고파"라고 말하면 '앵무새'가 남자 목소리로 똑같이 말해요.

'캐릭터'가 "놀고 싶어요"라고 말하면 '앵무새'가 영어로 번역해서 말해요.

오늘의 코딩블록

입력한 글자를 소리로 읽어줘요.

입력한 글자를 지정한 언어로 번역해요.

STEP 01 코딩에 필요한 인공지능 블록 불러오기

01 파일 탐색기를 실행하여 [10차시]–[실습] 폴더에서 **번역하기.ent** 파일을 더블클릭한 후 인공지능 블록을 불러오기 위해 (AI 인공지능)의 인공지능 블록 불러오기 를 클릭해요.

02 창이 열리면 **번역**과 **읽어주기**를 선택한 후 **<불러오기>**를 클릭해요.

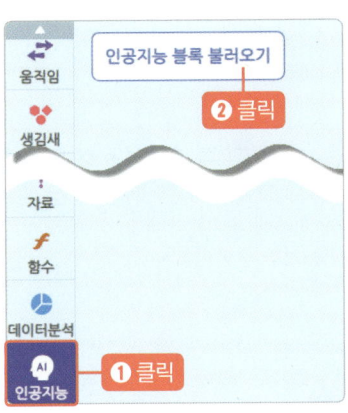
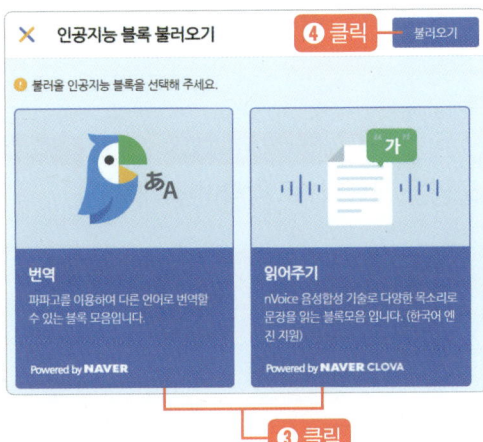
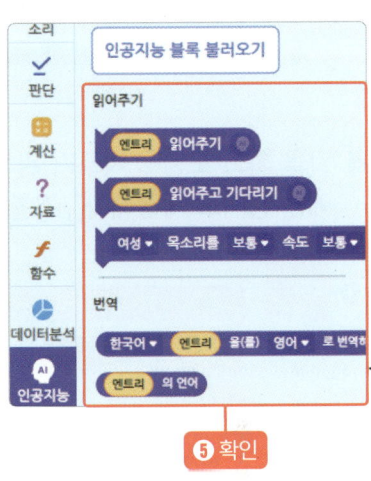

STEP 02 캐릭터가 모양을 바꿔가며 여러 가지 내용을 말하기

01 캐릭터를 선택하고 🏁의 ▶ 시작하기 버튼을 클릭했을 때 를 블록 조립소로 드래그해요. 💥의 안녕! 을(를) 4 초 동안 말하기 ▼ 를 연결한 후 말을 "**내가 말하는 것을 남자 목소리로 따라해봐!**", 초를 **2**로 변경해요.

02 모양을 바꿔 말하기 위해 💥의 캐릭터 ▼ 모양으로 바꾸기 와 안녕! 을(를) 4 초 동안 말하기 ▼ 를 연결한 후 모양을 **캐릭터1**, 말을 "**배고파요**", 초를 **2**로 각각 변경해요.

> **TIP**
> '캐릭터'에는 모양이 미리
> 추가되어 있어요.

03 기본 모양으로 바꾸기 위해 [생김새]의 [캐릭터▼ 모양으로 바꾸기]를 연결한 후 [흐름]의 [2 초 기다리기]를 연결해요.

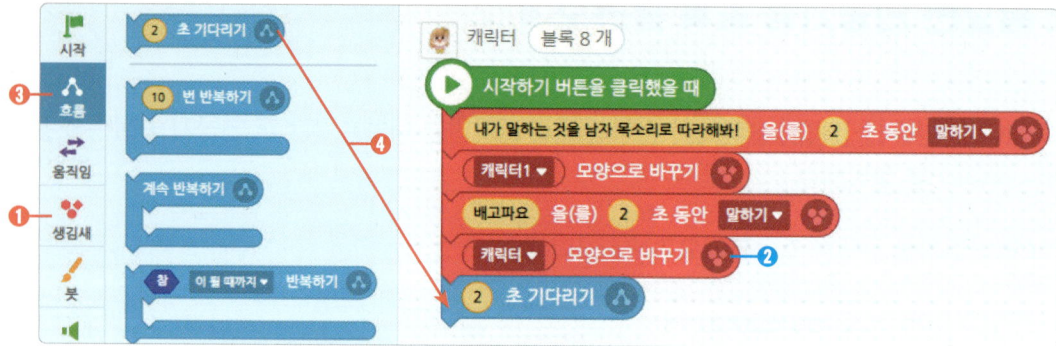

04 말을 하고 모양을 바꾸기 위해 [생김새]의 [안녕! 을(를) 4 초 동안 말하기▼]와 [캐릭터▼ 모양으로 바꾸기]를 연결한 후 말을 "**이번에는 영어로 대답해봐**", 초를 **2**, 모양을 **캐릭터1**로 각각 변경해요.

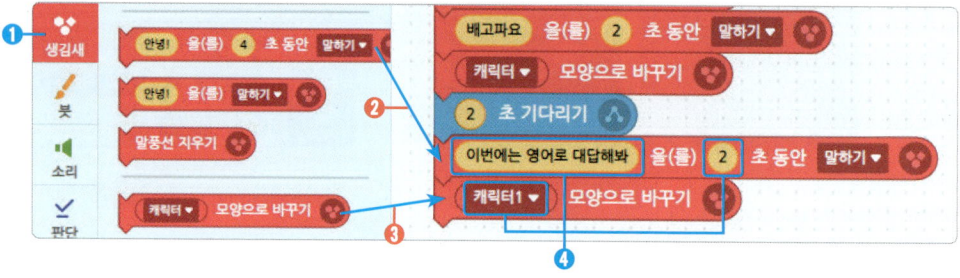

05 말을 하고 기본 모양으로 바꾸기 위해 [생김새]의 [안녕! 을(를) 4 초 동안 말하기▼]와 [캐릭터▼ 모양으로 바꾸기]를 연결한 후 말을 "**놀고 싶어요**", 초를 **2**로 변경해요.

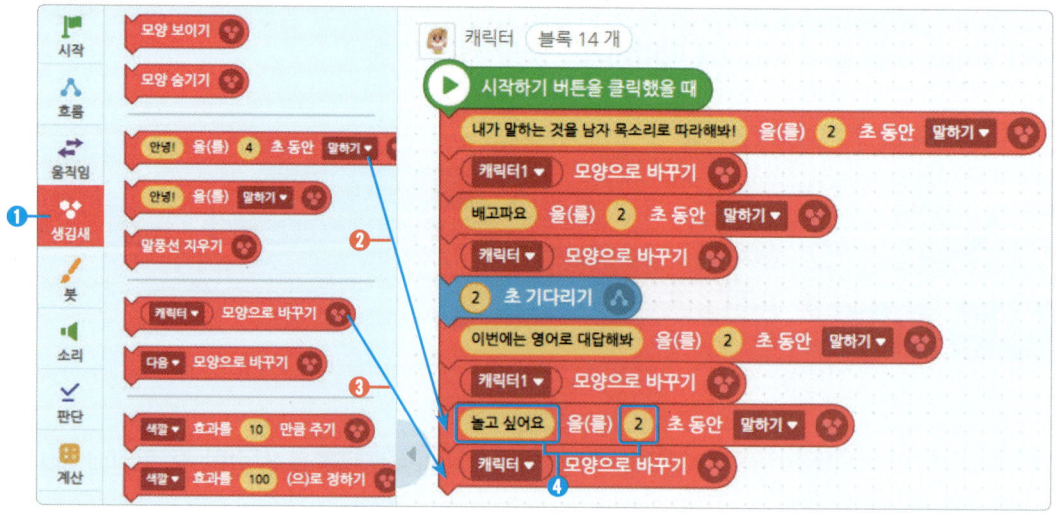

TIP

'캐릭터'가 모양을 바꿔가며 다른 목소리(배고파요)와 다른 언어(놀고 싶어요)로 말하도록 '앵무새'에게 말하고 있어요.

앵무새가 다른 목소리와 다른 언어(영어)로 읽어주기

01 **앵무새**를 선택하고 ![시작] 의 ![시작하기 버튼을 클릭했을 때] 를 블록 조립소로 드래그한 후 ![흐름] 의 ![2 초 기다리기] 를 연결하고 초 를 **4**로 변경해요.

02 남성 목소리로 읽어주기 위해 ![인공지능] 의 [여성▼ 목소리를 보통▼ 속도 보통▼ 음높이로 설정하기] 와 [엔트리 읽어주기] 를 연결한 후 목소리 는 **남성**, 내용은 "**배고파요**"로 변경해요.

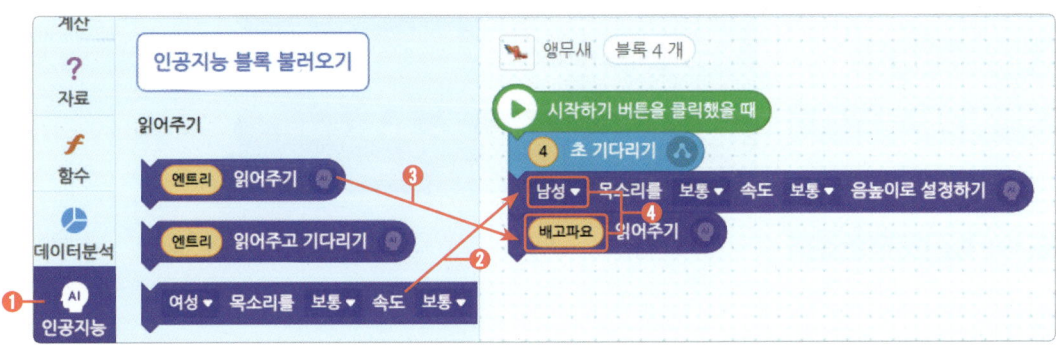

TIP

인공지능을 이용하여 남성 목소리로 "배고파요"를 소리내어 읽어줘요.

03 여성 목소리로 바꿔서 읽어주기 위해 ![흐름] 의 ![2 초 기다리기] 를 연결하여 초를 **6**으로 변경한 후 ![인공지능] 의 [여성▼ 목소리를 보통▼ 속도 보통▼ 음높이로 설정하기] 를 연결해요.

04 입력한 내용을 영어로 번역하여 읽어주기 위해 [AI 인공지능]의 [엔트리 읽어주기]를 연결한 후 [한국어▾ 엔트리 을(를) 영어▾ 로 번역하기]를 내용에 끼워 넣고 **"놀고 싶어요"**로 변경해요.

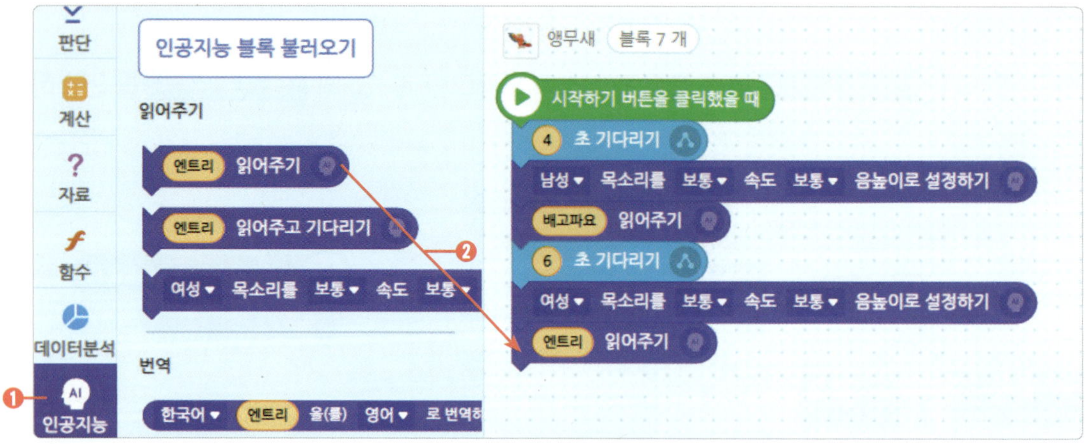

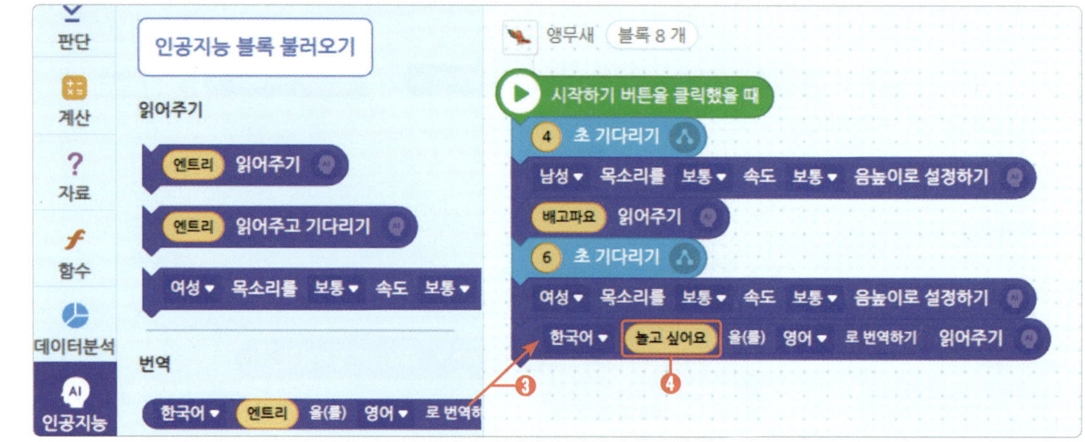

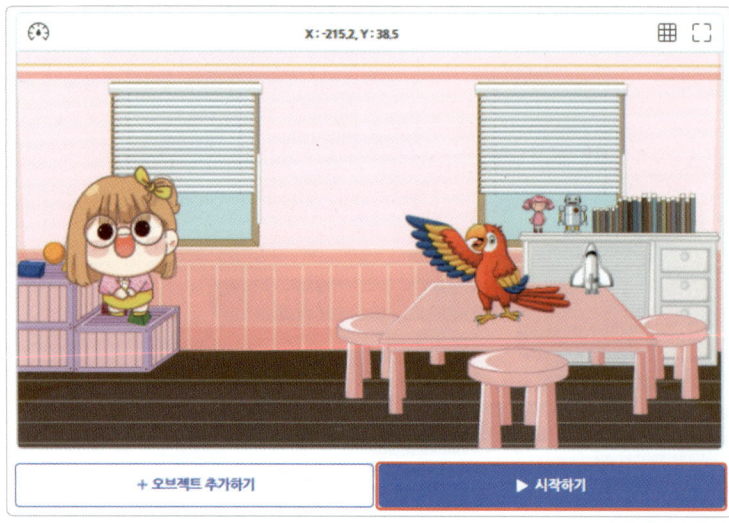

TIP

인공지능을 이용하여 여성 목소리로 "놀고 싶어요"를 영어로 번역해서 소리내어 읽어줘요.

05 코드 작업이 끝나면 [▶ 시작하기]를 클릭하여 결과를 확인한 후 복사본으로 파일(홍길동_번역기)을 저장해요.

미션 해결하기

01 그림 내용과 힌트를 참고하여 '여행자', '스마트폰', '외국인'에 코드를 작성해요.

● 실습 및 완성 파일 : [10차시]-[실습]-해외여행.ent

'여행자'가 야옹이 목소리로 에펠탑 위치를 물어보면
'스마트폰'이 프랑스어로 번역해서 말해요.

'외국인'이 멍멍이 목소리로 질문에 대해 대답해요.
그런데 한국어를 할 줄 아네요^^

◆ HINT ◆

1. '여행자' 코드 작성 : ❶ 시작하기 버튼을 클릭했을 때 ❷ '야옹이' 목소리를 '보통' 속도 '보통' 음높이로 설정하기 ❸ "에펠탑은 어디에 있어요?" 읽어주기

2. '스마트폰' 코드 작성 : ❶ 시작하기 버튼을 클릭했을 때 ❷ '4'초 기다리기 ❸ ④를 읽어주기 ❹ '한국어' "에펠탑은 어디에 있어요?"를 '프랑스어'로 번역하기

3. '외국인' 코드 작성 : ❶ 시작하기 버튼을 클릭했을 때 ❷ '8'초 기다리기 ❸ '멍멍이' 목소리를 '보통' 속도 '보통' 음높이로 설정하기 ❹ "저기로 가면 있단다!" 읽어주기

02 그림 내용과 힌트를 참고하여 '선생님', '캐릭터', '글상자'에 코드를 작성해요.

● 실습 및 완성 파일 : [10차시]-[실습]-글쓰기.ent

'선생님'이 특정 문장을 영어로 쓰라고 말하면
'캐릭터'가 모양을 바꿔 "네"라고 대답해요.

'글상자'가 "수학은 재미있어요"를 영어로 번역하여 글을 써요.

◆ HINT ◆

1. '선생님' 코드 작성 : ❶ 시작하기 버튼을 클릭했을 때 ❷ "수학은 재미있어요를 영어로 써봐요"를 '2'초 동안 말하기

2. '캐릭터' 코드 작성 : ❶ 시작하기 버튼을 클릭했을 때 ❷ '2'초 기다리기 ❸ '손들기' 모양으로 바꾸기 ❹ "네~"를 '2'초 동안 말하기

3. '글상자' 코드 작성 : ❶ 시작하기 버튼을 클릭했을 때 ❷ ○라고 글쓰기 ❸ '5'초 기다리기 ❹ ⑤라고 글쓰기 ❺ '한국어' "수학은 재미있어요"를 '영어'로 번역하기

CHAPTER 11

나만의 어항 꾸미기

물고기 어항을 구매하여 물고기를 키우게 되었어요. 물고기를 키우려면 어항을 예쁘게 꾸미고 다양한 물고기를 넣어야겠죠? 엔트리를 이용하여 예쁜 물고기를 어항 속에 넣어 봐요.

학습목표

- 조건에 맞을 때까지만 반복할 수 있습니다.
- 지정한 키를 눌렀을 때 블록을 실행할 수 있습니다.
- 도장 찍기를 이용하여 물고기로 어항을 꾸밀 수 있습니다.

실습 및 완성 파일 : [11차시] 폴더

 **미리보기**

물고기를 마우스로 클릭한 상태에서 어항으로 드래그하여 클릭을 해제하면 어항 안쪽에 같은 물고기가 도장 찍듯이 찍혀요.

'1' 또는 '2' 키를 누르면 물고기가 원래 위치로 이동해요.

 **코딩블록**

지정한 조건이 '참'이 될 때까지 또는 '참'인 동안 안쪽의 블록을 실행해요.

오브젝트를 클릭하거나 클릭을 해제 했을 때 블록을 실행해요.

오브젝트의 모양을 도장 찍듯이 실행 화면 위에 찍어요.

오브젝트를 클릭하는 동안 마우스 포인터 위치로 이동하기

01 파일 탐색기를 실행한 후 [11차시]-[실습] 폴더에서 **어항꾸미기.ent** 파일을 더블클릭해요.

02 **물고기1**을 선택하고 🏁 의 ⊙ 오브젝트를 클릭했을 때 를 블록 조립소로 드래그한 후 🔀 의 참 이 될 때까지 반복하기 를 연결하고 조건을 **인 동안**으로 변경해요.

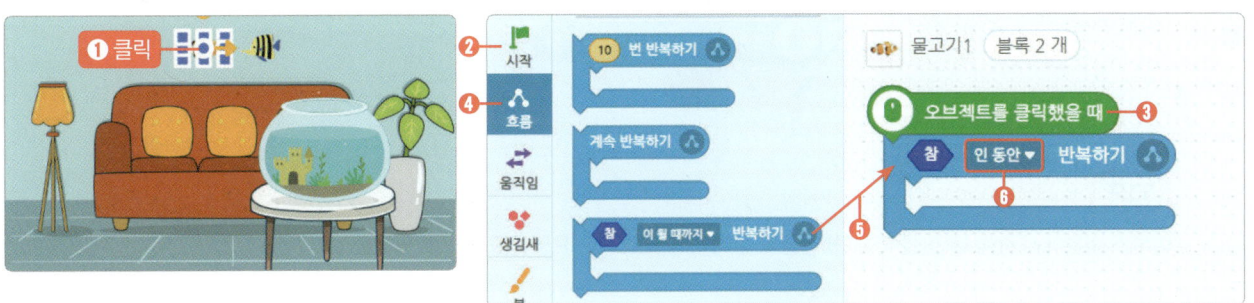

> **TIP**
> · **이 될 때까지** : 조건이 '참'이 될 때까지(거짓인 동안) 반복 블록 안쪽의 블록을 실행해요.
> · **인 동안** : 조건이 '참'인 동안 반복 블록 안쪽의 블록을 실행해요.

03 조건을 지정하기 위해 🔍 의 ⟨오브젝트를 클릭했는가?⟩를 참에 끼워 넣은 후 🔀 의 물고기2 위치로 이동하기 를 반복 블록 안쪽에 연결하고 위치를 **마우스포인터**로 변경해요.

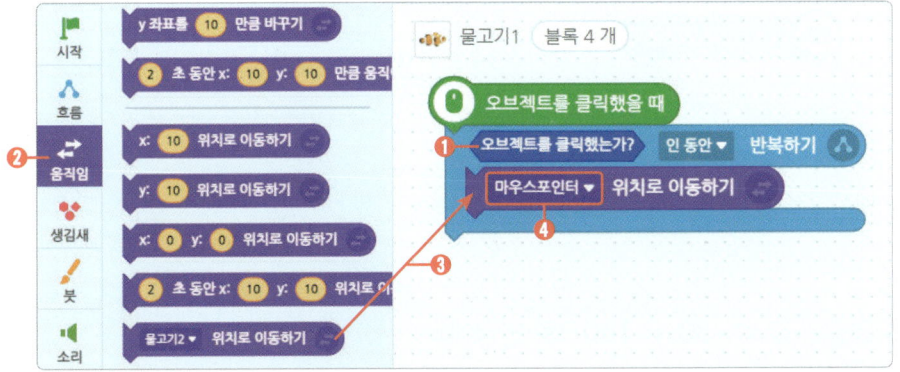

> **TIP**
> 마우스로 오브젝트를 클릭해 버튼이 눌러져 있는 동안에만 해당 오브젝트가 마우스 포인터 위치로 이동해요. 클릭을 해제하면 마우스 포인트 위치로 이동하지 않아요.
>
>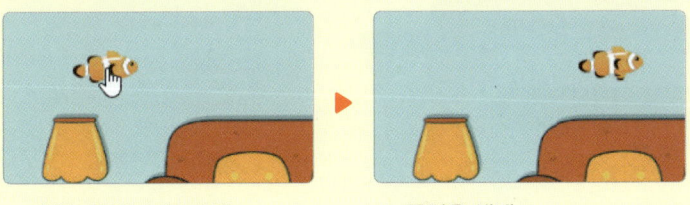
>
> ▲ 왼쪽 버튼을 누른 상태　　　　▲ 클릭을 해제

04 클릭을 해제하면 실행 화면에 도장을 찍기 위해 ▶의 ⬤ 오브젝트 클릭을 해제했을 때 를 블록 조립소로 드래그한 후 ✏️의 도장 찍기 를 연결해요.

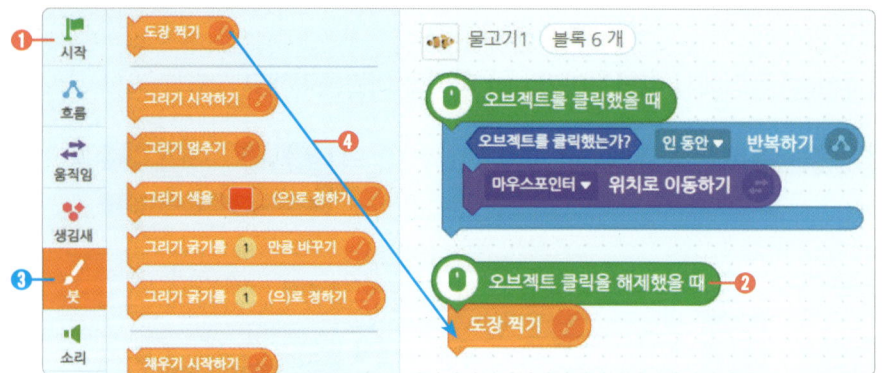

TIP

마우스 버튼에서 손을 떼면(클릭 해제) 실행 화면에 해당 오브젝트 모양을 도장으로 찍어요.

05 특정 키를 눌렀을 때 오브젝트를 원래 위치로 이동시키기 위해 ▶의 ⬤ q▾ 키를 눌렀을 때 를 블록 조립소로 드래그한 후 키를 1로 변경해요.

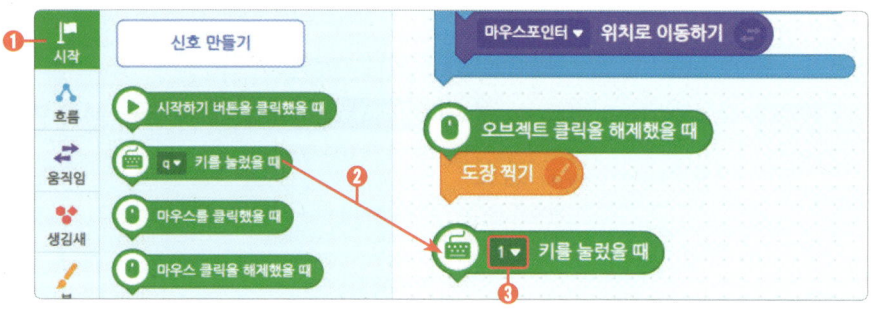

TIP

⬤ q▾ 키를 눌렀을 때 는 지정한 키를 눌렀을 때 연결된 블록을 실행하는 블록이에요.

06 ⇄의 x: 0 y: 0 위치로 이동하기 를 연결한 후 x: −30, y: 100으로 변경해요.

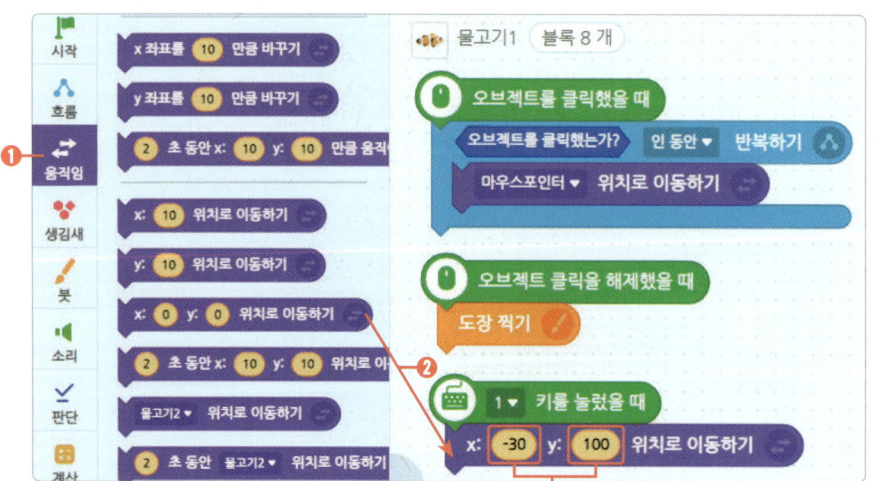

TIP

'1' 키를 누르면 해당 오브젝트가 처음 있었던 x-y 위치로 이동해요.

64

코드를 복사하여 다른 오브젝트에 붙여넣기

01 **물고기1**의 모든 코드를 복사하여 **물고기2**에 붙여넣기 위해 [오브젝트를 클릭했을 때] 블록 위에서 마우스 오른쪽 버튼을 눌러 [코드 복사]를 클릭해요.

02 **물고기2**를 선택한 후 블록 조립소에서 마우스 오른쪽 버튼을 눌러 [붙여넣기]를 클릭해요.

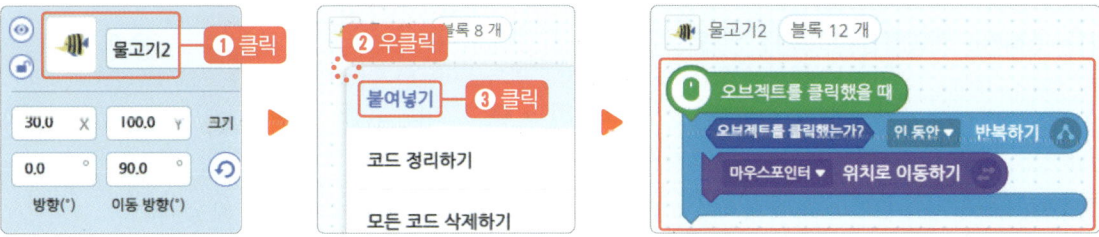

03 같은 방법으로 나머지 코드도 복사하여 **물고기2**에 붙여 넣은 후 키를 2, x 좌표를 30으로 변경해요.

![물고기2 블록 8개 - 오브젝트를 클릭했을 때, 오브젝트를 클릭했는가? 인 동안 반복하기, 마우스포인터 위치로 이동하기, 변경 2 키를 눌렀을 때 x: 30 y: 100 위치로 이동하기, 오브젝트 클릭을 해제했을 때 도장 찍기]

04 코드 작업이 끝나면 ▶시작하기 를 클릭하여 결과를 확인한 후 복사본으로 파일(홍길동_어항꾸미기)을 저장해요.

미션 해결하기

01 그림 내용과 힌트를 참고하여 '스티커1', '스티커2', '스티커3'에 코드를 작성해요.

● 실습 및 완성 파일 : [11차시]-[실습]-다이어리.ent

마우스로 '스티커'를 클릭한 상태로 이동시키고
마우스 버튼을 떼면 도장 찍기가 실행돼요.

'1~3'키를 누르면 '스티커'들이 원래 위치로 이동해요.

✦ **HINT** ✦

1. '스티커1'~'스티커3' 코드 작성 : **[코드1]** → ❶ 오브젝트를 클릭했을 때 ❷ ③인 동안 ④를 반복하기 ❸ 오브젝트를 클릭했는가? ❹ '마우스포인터' 위치로 이동하기 **[코드2]** → ❶ 오브젝트 클릭을 해제했을 때 ❷ 도장 찍기 **[코드3]** → ❶ '1' 키를 눌렀을 때 ❷ x: 190 y: 80 위치로 이동하기

TIP [코드3]에서 '스티커2'와 '스티커3'의 위치 이동 x-y 좌표값은 오브젝트 목록에서 값을 확인한 후 입력해요.

02 그림 내용과 힌트를 참고하여 '로고'에 코드를 작성해요.

● 실습 및 완성 파일 : [11차시]-[실습]-옷꾸미기.ent

'위-아래' 방향키를 눌러 로고의 크기를 변경한 후 '로고'를
원하는 위치로 드래그하여 도장을 찍어요.

'스페이스' 키를 눌러 원래 위치로 이동한 후 다시 크기를
변경하고 원하는 위치로 드래그하여 도장을 찍어요.

✦ **HINT** ✦

1. '로고' 코드 작성 : **[코드1]** → ❶ 오브젝트를 클릭했을 때 ❷ ③인 동안 ④를 반복하기 ❸ 오브젝트를 클릭했는가? ❹ '마우스포인터' 위치로 이동하기 **[코드2]** → ❶ 오브젝트 클릭을 해제했을 때 ❷ 도장 찍기 **[코드3]** → ❶ '스페이스' 키를 눌렀을 때 ❷ x: -60 y: 92 위치로 이동하기 **[코드4]** → ❶ '위쪽 화살표' 키를 눌렀을 때 ❷ 크기를 '10'만큼 바꾸기 **[코드5]** → ❶ '아래쪽 화살표' 키를 눌렀을 때 ❷ 크기를 '-10'만큼 바꾸기

TIP ↑, ↓를 눌러 '로고'의 크기를 먼저 변경한 후 원하는 위치로 드래그하여 도장을 찍어요.

CHAPTER 12 사료를 피하는 물고기

물고기는 먹이를 많이 주면 먹은 것을 까먹고 계속 먹어요. 어항에 실수로 쏟은 먹이를 물고기가 먹지 않고 피해 다니도록 엔트리를 이용하여 만들어 보세요.

학습목표

- 엔트리 그림판에서 오브젝트의 모양을 복제해 다른 모양으로 만들 수 있습니다.
- 조건에 만족하면 실행 중인 코드를 모두 멈출 수 있습니다.
- 입력한 좌푯값만큼 오브젝트를 이동시킬 수 있습니다.

실습 및 완성 파일 : [12차시] 폴더

작품 미리보기

왼쪽 또는 오른쪽 방향키를 누르면 '물고기'가 해당 방향에 맞게 모양을 바꿔 이동해요.

이동하는 도중에 '사료'에 닿으면 색깔을 바꾼 후 모든 코드를 멈춰요.

오늘의 코딩블록

모든 ▼ 코드 멈추기	x 좌표를 10 만큼 바꾸기	y 좌표를 10 만큼 바꾸기
지정한 코드를 멈춰요.	입력한 값만큼 왼쪽(음수) 또는 오른쪽(양수)으로 이동해요.	입력한 값만큼 아래쪽(음수) 또는 위쪽(양수)으로 이동해요.

물고기 모양을 복제하여 다른 모양 만들기

01 파일 탐색기를 실행한 후 [12차시]-[실습] 폴더에서 **먹이피하기.ent** 파일을 더블클릭한 후 **물고기**를 선택해요.

02 모양을 복제하기 위해 [모양] 탭을 선택한 후 **물고기** 모양 위에서 마우스 오른쪽 버튼을 눌러 [복제]를 클릭해요.

03 복제된 **물고기1**의 좌-우 방향을 반전시키기 위해 아이콘을 선택한 후 **<저장하기>**를 클릭해요.

04 기본 모양으로 바꾸기 위해 **물고기** 모양을 선택한 후 저장 확인 대화상자가 나오면 **<확인>**을 클릭해요.

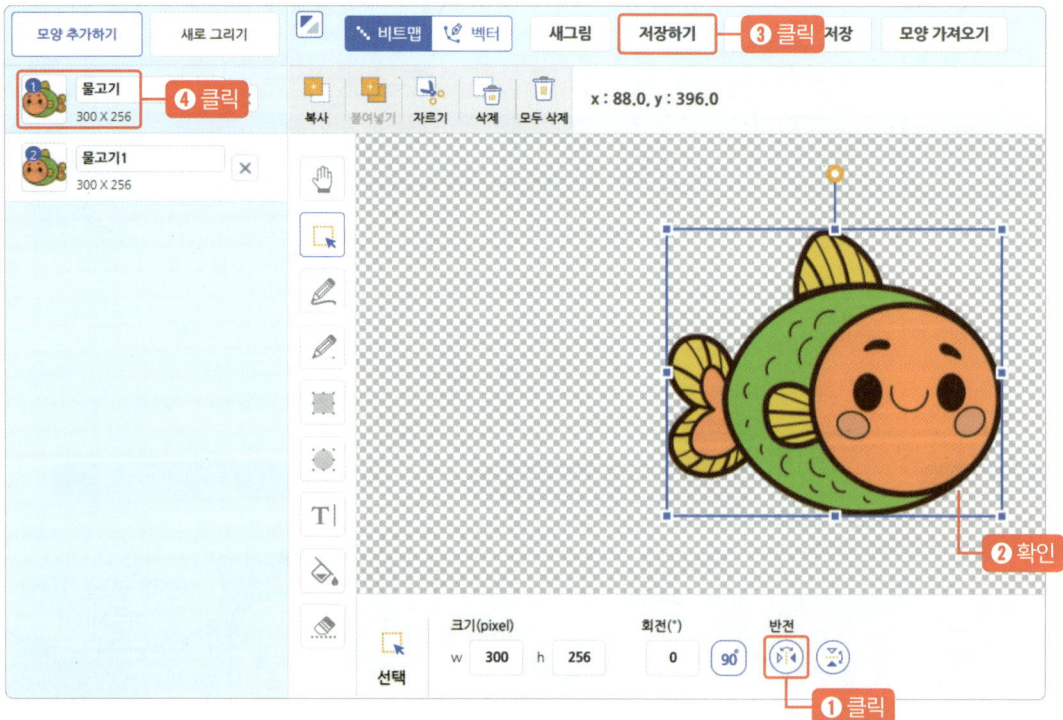

> **TIP**
>
> 엔트리 그림판에서 특정 작업을 한 후 <저장하기>를 누르지 않으면 "저장하지 않은 변경 사항이 있습니다. 변경 사항을 저장할까요?"라는 메시지 대화상자가 나와요. 대화상자가 나오면 상황에 맞게 <취소> 또는 <확인>을 클릭해요.

02 사료에 닿으면 색깔이 바뀌고 모든 코드를 멈추기 위해 [생김새]의 [색깔 효과를 10 만큼 주기]를 조건 블록 안쪽에 연결하고 값을 50으로 변경한 후 [흐름]의 [모든 코드 멈추기]를 연결해요.

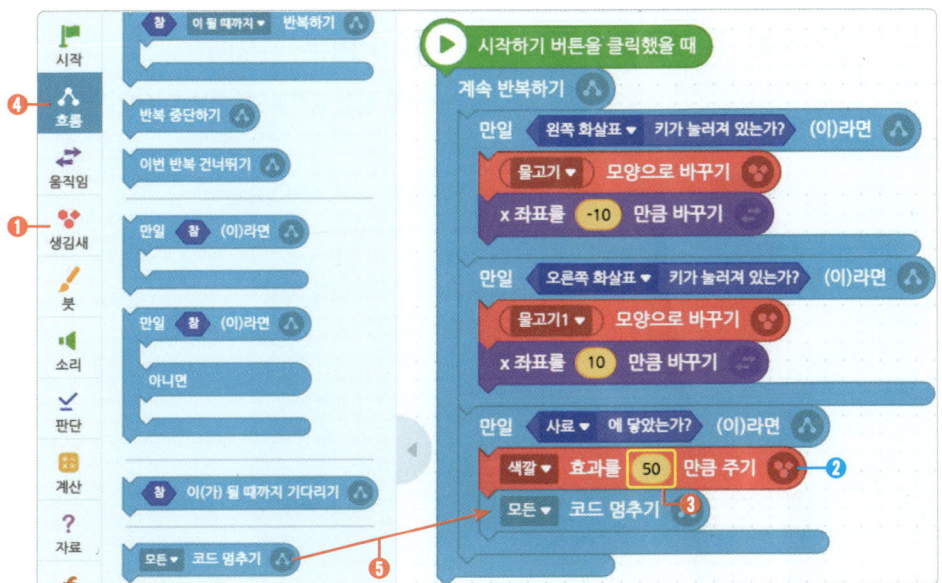

> **TIP**
>
> '물고기'가 위에서 떨어지는 '사료'에 닿으면 색깔을 바꾼 후 모든 코드를 멈춰요.

> **TIP** **사료 오브젝트 코드 분석**
>
> ① '사료' 오브젝트에는 다음과 같은 코드가 미리 추가되어 있어요.
> ② 장면이 실행되면 세로 위치(y)는 위쪽 130으로 고정되고 가로 위치(x)만 임의의(-180~180) 위치로 이동해요.
> ③ '사료'가 실행 화면에 보이고 아래쪽 벽에 닿을 때까지 계속 이동하다가 벽에 닿으면 모양을 숨겨요.
> ④ 모양이 숨겨지면 계속 반복하기로 인하여 ②~③ 작업을 반복해요.

코딩런
미션 해결하기

01 모양을 복제하여 좌-우로 반전시킨 후 선을 이용하여 캐릭터를 꾸며보세요.

● 실습 및 완성 파일 : [12차시]-[실습]-쿠키.ent

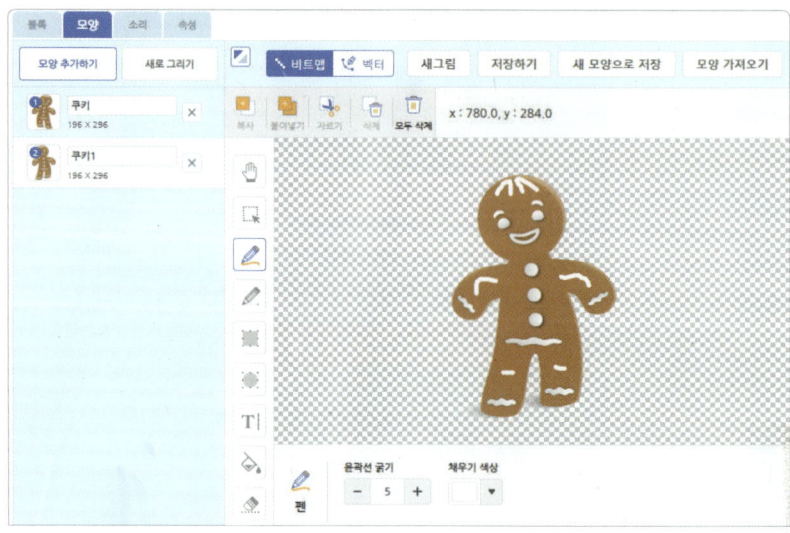

◆HINT◆

1. '쿠키' 모양을 복제하여 좌우 반전(⬌)을 시킨 후 ✎를 선택해 굵기(5)와 채우기 색상(흰색)을 지정하여 그림을 그려요.
2. 그림 수정이 완료되면 <저장하기>를 클릭한 후 '쿠키' 모양을 선택해요.

02 그림 내용과 힌트를 참고하여 '쿠키'에 코드를 작성해요.

'시럽'은 임의의 위치로 이동하여 아래로 떨어지고
'쿠키'는 좌-우 방향키를 이용하여 이동해요.

'쿠키'가 '시럽'에 닿으면 말을 한 후 모든 코드를 멈춰요.

◆HINT◆

1. '쿠키' 코드 작성 : ❶ 시작하기 버튼을 클릭했을 때 ❷ ③~⑭를 계속 반복하기 ❸ 만일 ❹ '오른쪽 화살표' 키가 눌러져 있는가? 이라면 ⑤,⑥ 실행 ❺ '쿠키' 모양으로 바꾸기 ❻ x좌표를 '10'만큼 바꾸기 ❼ 만일 ❽ '왼쪽 화살표' 키가 눌러져 있는가? 이라면 ⑨,⑩ 실행 ❾ '쿠키1' 모양으로 바꾸기 ❿ x좌표를 '-10'만큼 바꾸기 ⓫ 만일 ⓬ '시럽'에 닿았는가? 이라면 ⑬,⑭ 실행 ⓭ "녹는다!"를 말하기 ⓮ '모든' 코드 멈추기

TIP '시럽'에는 실행 화면 위쪽의 임의의 위치로 이동하여 아래쪽 벽에 닿을 때까지 계속 이동하는 코드가 미리 작성되어 있어요.

CHAPTER 13

쳇바퀴를 돌리는 햄스터

작고 귀여운 햄스터를 집에서 키우게 되었어요. 햄스터는 잠이 많은 동물이지만 발에 땀이 나도록 쳇바퀴를 열심히 돌리는 모습이 너무 귀여워요. 엔트리로 햄스터가 쳇바퀴를 돌리는 모습을 만들어 봐요.

학습목표

- 오브젝트를 원하는 각도로 회전시킬 수 있습니다.
- 조건에 맞으면 특정 오브젝트로 신호를 보낼 수 있습니다.
- 신호를 받으면 아래쪽에 연결된 블록을 실행할 수 있습니다.

실습 및 완성 파일 : [13차시] 폴더

작품 미리보기

'햄스터'를 클릭하면 '돌리기' 신호를 보내고 신호를 받으면 햄스터가 쳇바퀴를 열심히 돌려요.

'쳇바퀴'를 클릭하면 '멈추기' 신호를 보내고 신호를 받으면 모든 코드를 멈춰요.

오늘의 코딩블록

선택한 신호를 보내고 신호를 받았을 때 연결된 블록을 실행해요.

오브젝트의 방향을 입력한 값만큼 회전해요.

코딩 작업에 필요한 신호 만들기

01 파일 탐색기를 실행한 후 [13차시]–[실습] 폴더에서 **통 돌리기.ent** 파일을 더블클릭해요.

02 신호를 추가하기 위해 [**속성**] 탭의 [**신호**]에서 신호 추가하기 를 선택한 후 신호 이름을 **돌리기**로 입력하고 **<신호 추가>**를 클릭해요.

03 신호가 추가되면 신호 추가하기 를 다시 클릭한 후 신호 이름을 **멈추기**로 입력하고 **<신호 추가>**를 클릭해요.

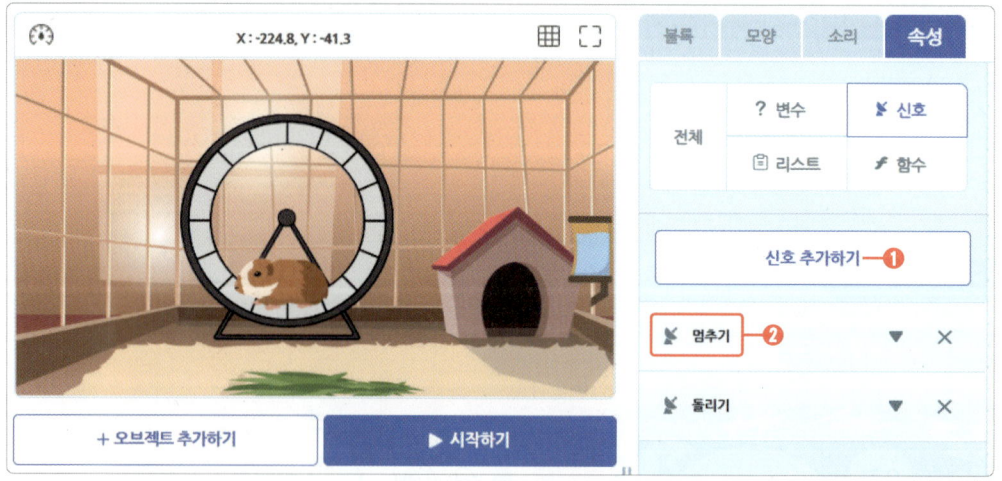

TIP 신호는 왜 필요한가요?

어떤 상황(이벤트, 동작 등)이 만들어졌을 때 다른 오브젝트로 신호를 보내서 특정 블록들이 실행되도록 할 때 필요해요. 신호는 대상 없음▼ 신호 보내기 와 대상 없음▼ 신호를 받았을 때 가 함께 짝으로 이루어지며, 신호 이름(돌리기, 멈추기)으로 구분하여 특정 오브젝트에 신호를 주고받을 수 있어요.

STEP **02** **햄스터에 신호를 보내고 받을 수 있도록 코드 작성하기**

01 **햄스터**를 선택하고 **[블록]** 탭에서 📍의 ⬤ 오브젝트를 클릭했을 때 를 블록 조립소로 드래그한 후 🔵 멈추기▾ 신호 보내기 🚩 를 연결하고 신호를 **돌리기**로 변경해요.

> **TIP**
>
> '햄스터'를 클릭했을 때 '돌리기' 신호를 보내요

02 돌리기 신호를 받았을 때 블록을 실행하기 위해 📍의 🔵 멈추기▾ 신호를 받았을 때 를 블록 조립소로 드래그한 후 신호를 **돌리기**로 변경하고 🔵의 계속 반복하기 🔵 를 연결해요.

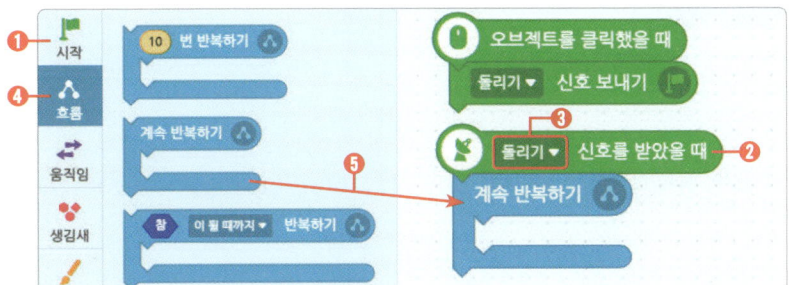

> **TIP**
>
> 같은 오브젝트에서도 신호를 보내고 받을 수 있어요.

03 신호를 받으면 햄스터 모양을 계속 바꾸기 위해 🔵의 🔵 2 초 기다리기 🔵 를 반복 블록 안쪽에 연결하고 초를 0.1로 변경한 후 💟의 🔴 다음▾ 모양으로 바꾸기 🔴 를 연결해요.

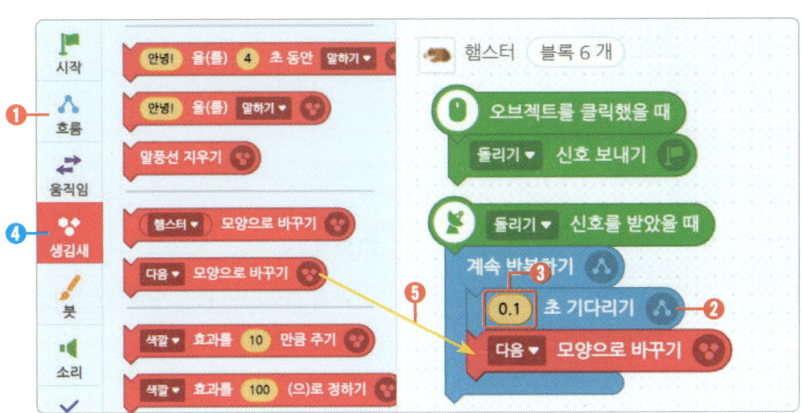

> **TIP**
>
> '돌리기' 신호를 받으면 햄스터가 다음 모양으로 계속 바꿔서 달리는 것처럼 보여요.

13 쳇바퀴를 돌리는 햄스터 **75**

쳇바퀴에 신호를 보내고 받을 수 있도록 코드 작성하기

01 쳇바퀴를 선택하고 시작의 멈추기 ▼ 신호를 받았을 때 를 블록 조립소로 드래그하여 신호를 **돌리기**로 변경한 후 흐름의 계속 반복하기 를 연결해요.

02 왼쪽 방향으로 계속 회전시키기 위해 움직임의 방향을 90° 만큼 회전하기 를 반복 블록 안쪽에 연결하고 각도를 **−10**으로 변경한 후 흐름의 2 초 기다리기 를 연결하고 초를 **0.2**로 변경해요.

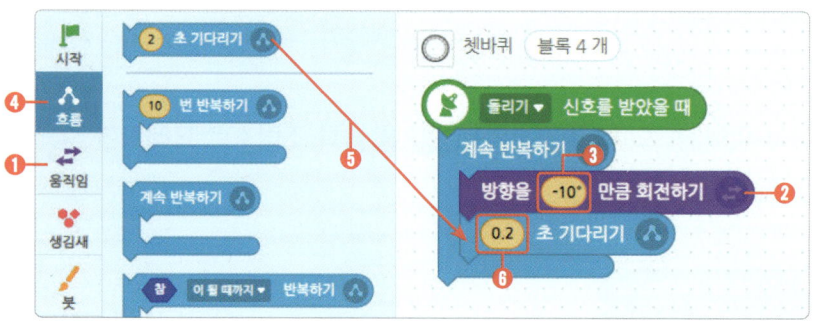

> **TIP**
>
> '돌리기' 신호를 받으면 '쳇바퀴'가 방향을 −10도씩(왼쪽) 계속 반복해서 회전해요.

03 특정 오브젝트로 신호를 보내기 위해 시작의 오브젝트를 클릭했을 때 를 블록 조립소로 드래그한 후 멈추기 ▼ 신호 보내기 를 연결해요.

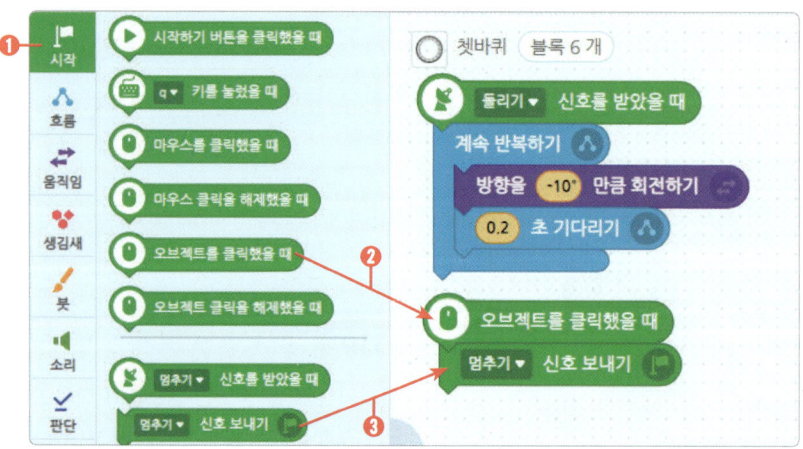

> **TIP**
>
> '쳇바퀴'를 클릭하면 특정 오브젝트로 '멈추기' 신호를 보낼 수 있어요.

04 멈추기 신호를 받았을 때 블록을 실행하기 위해 [시작]의 [멈추기 ▾ 신호를 받았을 때]를 블록 조립소로 드래그해요.

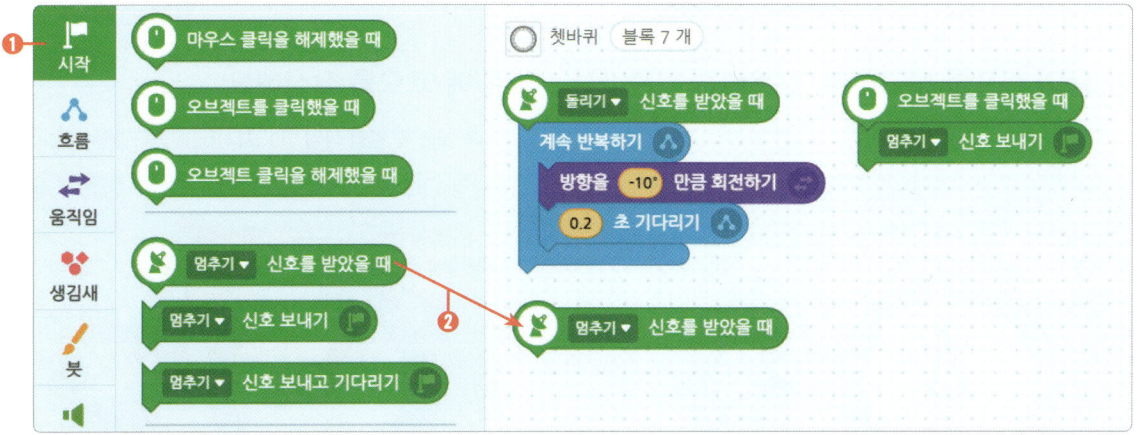

05 실행 중인 모든 코드를 멈추기 위해 [흐름]의 [모든 ▾ 코드 멈추기]를 연결해요.

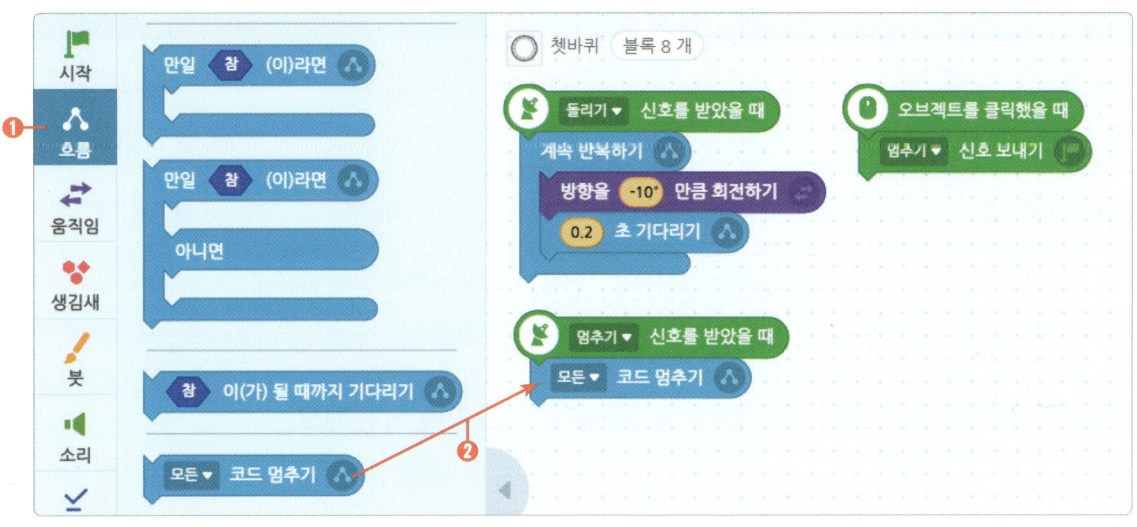

> **TIP**
>
> 회전하고 있던 '쳇바퀴'를 클릭하면 실행 중이던 '햄스터'와 '쳇바퀴' 코드가 모두 멈춰요.

06 코드 작업이 끝나면 [▶ 시작하기]를 클릭하여 결과를 확인한 후 복사본으로 파일(홍길동_통 돌리기)을 저장해요.

코딩런
미션 해결하기

01 그림 내용과 힌트를 참고하여 '작은바늘', '큰바늘', '시계'에 코드를 작성해요.

● 실습 및 완성 파일 : [13차시]-[실습]-알람시계.ent

'작은바늘'과 '큰바늘'이 중심점을 기준으로 계속 회전해요.

10초가 지나면 알람이 울리는 모양으로 바뀌어요.

✦HINT✦

1. '작은바늘' 코드 작성 : ❶ 시작하기 버튼을 클릭했을 때 ❷ ③~④를 계속 반복하기 ❸ '2'초 기다리기 ❹ 방향을 '7.2' 만큼 회전하기
2. '큰바늘' 코드 작성 : ❶ 시작하기 버튼을 클릭했을 때 ❷ ③~④를 계속 반복하기 ❸ '0.1'초 기다리기 ❹ 방향을 '23' 만큼 회전하기
3. '시계' 코드 작성 : ❶ 시작하기 버튼을 클릭했을 때 ❷ '10'초 기다리기 ❸ '알람' 모양으로 바꾸기

02 그림 내용과 힌트를 참고하여 '게임안내'와 '게이머'에 코드를 작성해요.

● 실습 및 완성 파일 : [13차시]-[실습]-게임신호.ent

장면이 시작되면 임의의 초를 기다렸다가 '게임끝' 신호를 보내요.

'게임끝' 신호를 받으면 게임에서 졌다는 글자로 바꾸고 '게이머'가 화난 모양으로 바뀌어요.

✦HINT✦

1. '게임끝' 신호 추가하기 : [속성] 탭의 [신호]에서 [신호 추가하기]
2. '게임안내' 코드 작성 : [코드1] → ❶ 시작하기 버튼을 클릭했을 때 ❷ ③초 기다리기 ❸ '2'부터 '5' 사이의 무작위 수 ❹ '게임끝' 신호 보내기 [코드2] → ❶ '게임끝' 신호를 받았을 때 ❷ "YOU LOSE"라고 글쓰기
3. '게이머' 코드 작성 : ❶ '게임끝' 신호를 받았을 때 ❷ '0.5'초 기다리기 ❸ '화난게이머' 모양으로 바꾸기

CHAPTER 14

탈출한 햄스터 찾기

햄스터한테 먹이를 주고 문 닫는 것을 깜박했는데 그사이에 햄스터가 집을 나와 어딘가로 숨었어요. 엔트리를 이용하여 숨어 있는 햄스터를 찾아주세요.

학습목표

- 선택한 장면으로 전환할 수 있습니다.
- 조건에 맞으면 오브젝트를 실행 화면에서 숨길 수 있습니다.
- 신호를 보내 오브젝트의 모양을 바꿀 수 있습니다.

실습 및 완성 파일 : [14차시] 폴더

작품 미리보기

'햄스터집' 모양이 바뀌면 '햄스터'가 말을 하고 모양을 숨긴 후 '거실' 장면을 시작해요.

장면이 시작되면 가구들을 클릭하여 숨어 있는 '햄스터'를 찾아요. '햄스터'를 찾으면 신호를 보내서 모양을 바꾸고 말을 해요.

오늘의 코딩블록

선택한 장면을 이어서 시작해요.

장면이 시작되면 연결된 블록을 실행해요.

햄스터 탈출하기

01 파일 탐색기를 실행한 후 [14차시]-[실습] 폴더에서 **햄스터찾기.ent** 파일을 더블클릭해요.

02 [방] 장면에서 **햄스터집**을 선택한 후 [시작]의 ▶ 시작하기 버튼을 클릭했을 때 를 블록 조립소로 드래그해요.

> **TIP**
>
> '햄스터집'에는 문이 열려 있는 모양이 미리 추가되어 있어요.

03 집 모양을 바꾸기 위해 [호름]의 2 초 기다리기 를 연결한 후 [생김새]의 햄스터집 모양으로 바꾸기 를 연결하고 모양을 **햄스터집1**로 변경해요.

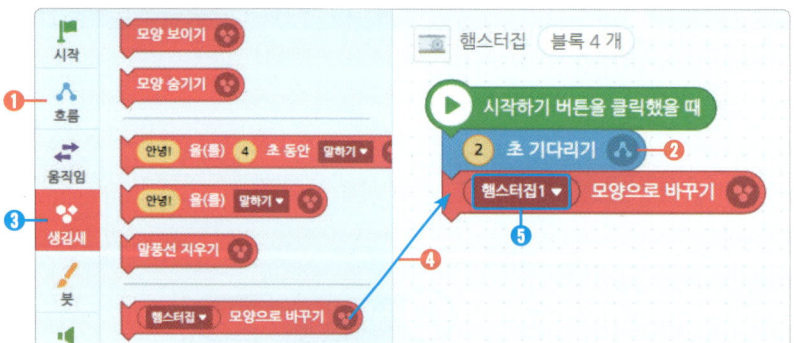

> **TIP**
>
> 장면이 시작되면 2초를 기다렸다 문이 열린 집으로 모양이 변경돼요.

04 **햄스터**를 선택하고 [시작]의 ▶ 시작하기 버튼을 클릭했을 때 를 블록 조립소로 드래그한 후 [호름]의 2 초 기다리기 를 연결하고 초를 3으로 변경해요.

05 말을 하고 모양을 숨기기 위해 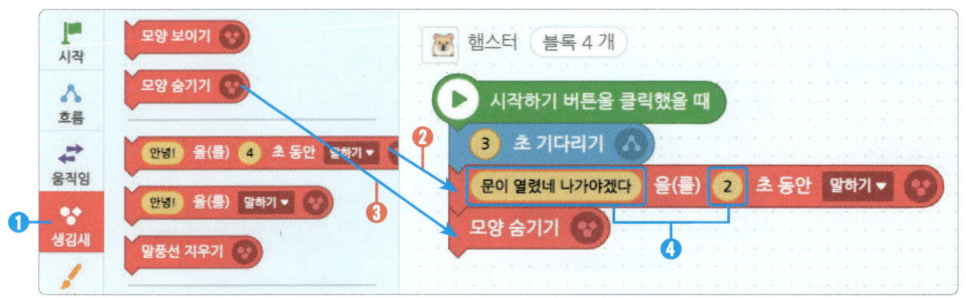 의 [안녕! 을(를) 4 초 동안 말하기▼] 와 [모양 숨기기] 를 연결한 후 말을 "**문이 열렸네 나가야겠다**", 초를 **2**로 변경해요.

06 장면을 바꾸기 위해 [호름] 의 [2 초 기다리기] 를 연결하고 초를 **1**로 변경해요. 이어서, [시작] 의 [방▼ 시작하기] 를 연결한 후 장면을 **거실**로 변경해요.

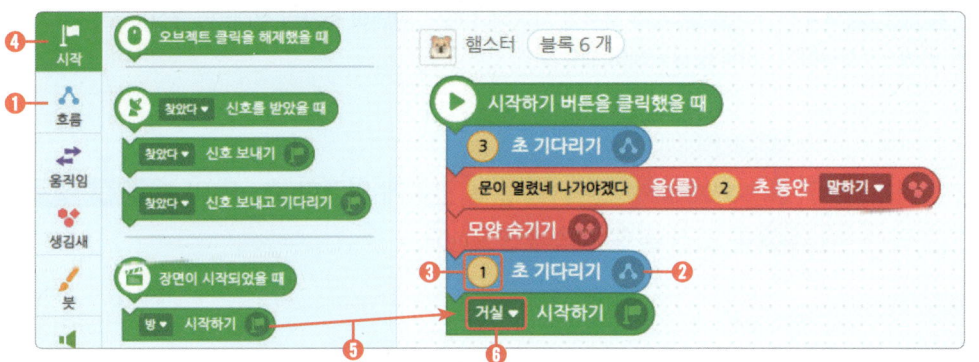

> **TIP**
>
> 장면이 시작되면 '햄스터'가 말을 하고 모양을 숨긴 후 '거실' 장면이 시작돼요.

STEP 02 숨어 있는 햄스터 찾기

01 코딩에 필요한 신호를 추가하기 위해 [속성] 탭의 [신호]에서 [신호 추가하기] 를 선택한 후 신호 이름을 **찾았다**로 입력하고 **<신호 추가>**를 클릭해요.

02 [거실] 장면에서 **쇼파**를 선택한 후 [블록] 탭을 클릭해요. 시작의 장면이 시작되었을 때 를 블록 조립소로 드래그한 후 흐름의 계속 반복하기 를 연결해요.

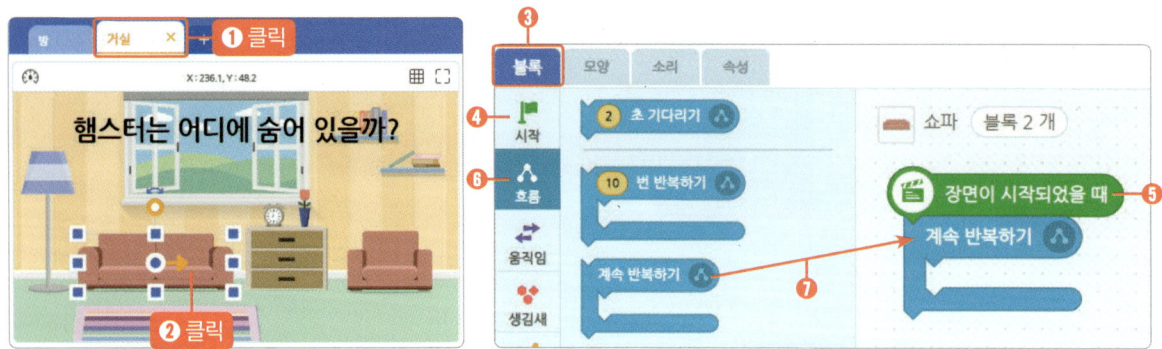

> **TIP**
>
> '거실' 장면이 시작될 때는 시작하기 버튼을 클릭했을 때 가 아닌 장면이 시작되었을 때 블록을 사용해야 해요. 장면이 추가된 상태(방, 거실)에서는 코드를 실행할 때 항상 첫 번째 장면(방)에서 <시작하기> 버튼을 클릭해야 해요.

03 오브젝트를 클릭하면 숨기기 위해 흐름의 만일 참 (이)라면 을 반복 블록 안쪽에 연결한 후 판단의 오브젝트를 클릭했는가? 를 참에 끼워 넣어요. 이어서, 생김새의 모양 숨기기 를 조건 블록 안쪽에 연결해요.

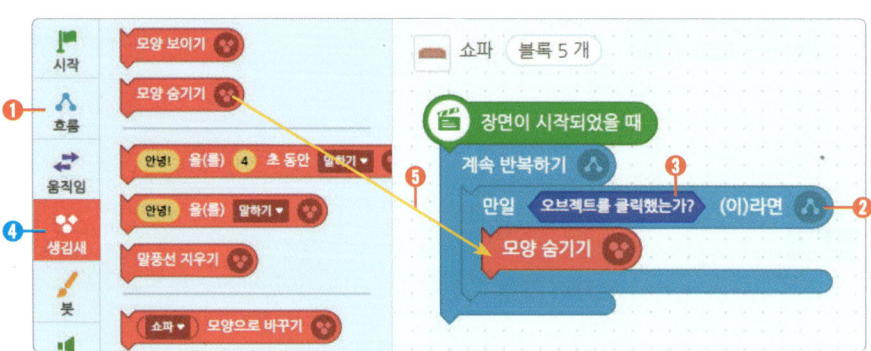

> **TIP**
>
> '거실' 장면이 시작된 후 '쇼파' 오브젝트를 클릭하면 실행 화면에서 모양을 숨겨요.

04 코드를 복사하기 위해 [장면이 시작되었을 때] 블록 위에서 마우스 오른쪽 버튼을 눌러 [코드 복사]를 클릭해요. 복사한 코드를 **테이블**과 **1인쇼파**에 붙여 넣어요.

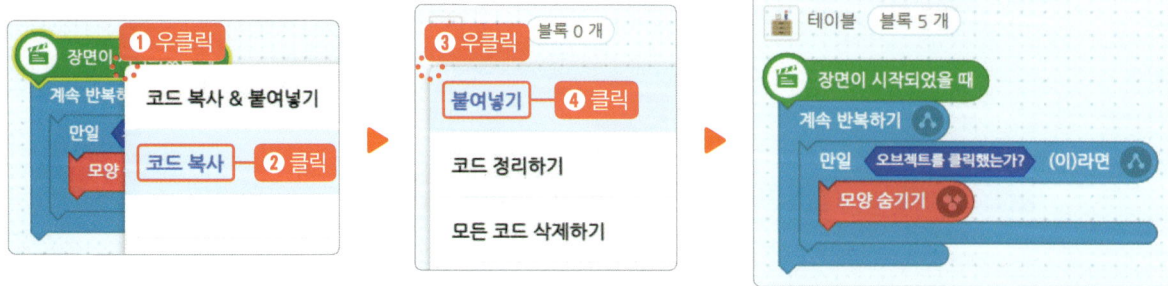

05 복사된 코드에 신호 블록을 추가하기 위해 **1인쇼파**를 선택한 후 의 를 조건 블록 안쪽에 연결 해요.

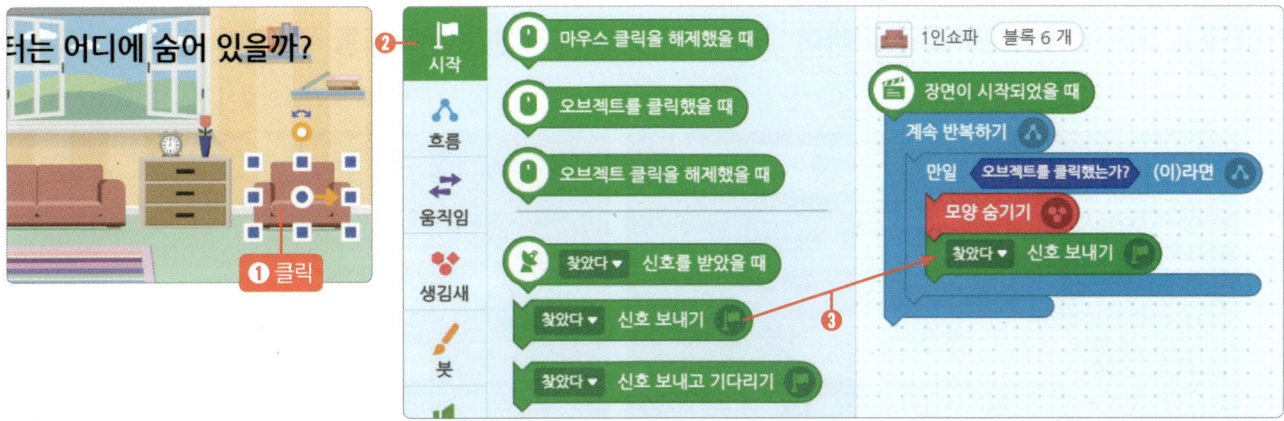

06 오브젝트 목록에서 **햄스터1**을 선택하고 의 를 블록 조립소로 드래그한 후 의 를 연결하고 초를 0.5로 변경해요.

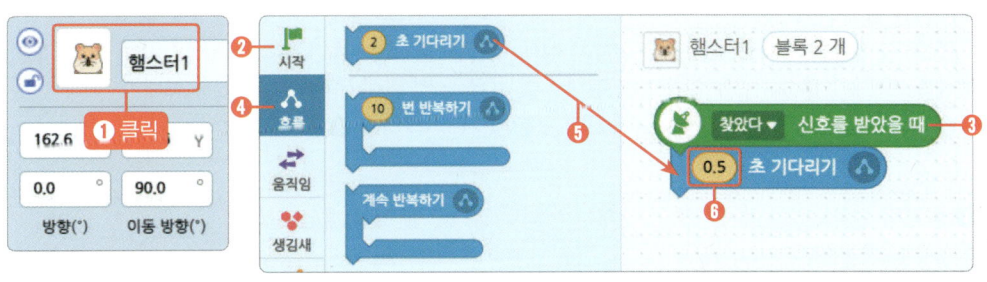

> **TIP**
>
> '햄스터1'은 '1인쇼파' 뒤에 숨겨져 있기 때문에 오브젝트 목록에서 선택해야 해요.

07 신호를 받으면 모양을 바꾸고 말을 하기 위해 의 와 를 연결한 후 모양 을 **놀란 햄스터**, 말을 **"안 들킬 수 있었는데^^"**로 변경해요.

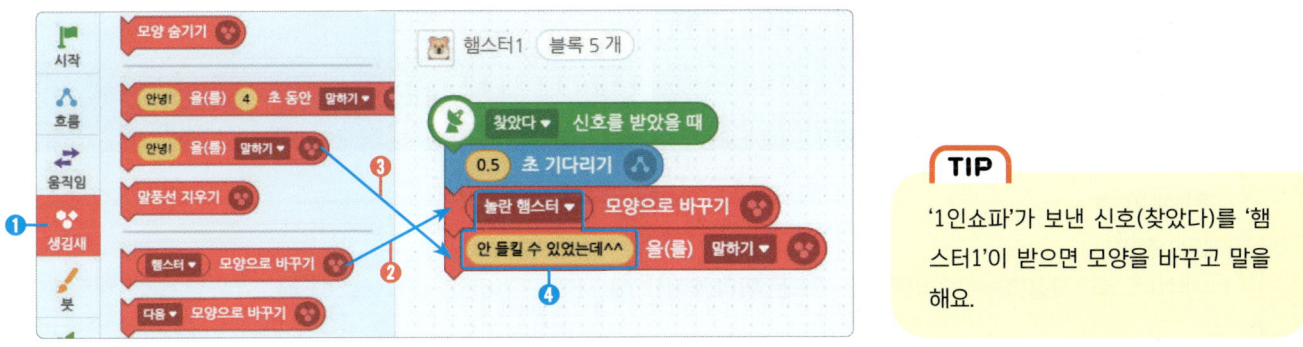

> **TIP**
>
> '1인쇼파'가 보낸 신호(찾았다)를 '햄스터1'이 받으면 모양을 바꾸고 말을 해요.

08 코드 작업이 끝나면 **[방]** 장면에서 를 클릭하여 결과를 확인한 후 복사본으로 파일(홍길동_햄스터찾기)을 저장해요.

01 그림 내용과 힌트를 참고하여 '공부', '검정배경' '자전거'에 코드를 작성해요.

● 실습 및 완성 파일 : [14차시]-[실습]-연극.ent

그래! 공부는 내일부터~

'공부'가 말을 하고 신호를 보내면 '검정배경'이 나타나고 '2막' 장면을 시작해요.

밖에 나오니까 너무 좋다~

'2막' 장면이 시작되면 '자전거'가 말을 해요.

✦ HINT ✦

[1막 장면]

1. '검정' 신호 추가하기 : [속성] 탭의 [신호]에서 신호 추가하기

2. '공부' 코드 작성 : ❶ 시작하기 버튼을 클릭했을 때 ❷ "수학은 너무 어려워"를 '2'초 동안 말하기 ❸ "나가서 놀까?"를 '2'초 동안 말하기 ❹ "그래! 공부는 내일부터~"를 '2'초 동안 말하기 ❺ '검정' 신호 보내기

3. '검정배경' 코드 작성 : ❶ '검정' 신호를 받았을 때 ❷ 모양 보이기 ❸ '2'초 기다리기 ❹ '2막' 시작하기

[2막 장면]

1. '자전거' 코드 작성 : ❶ 장면이 시작되었을 때 ❷ "밖에 나오니까 너무 좋다~"를 '2'초 동안 말하기

02 그림 내용과 힌트를 참고하여 '캐릭터', '하트', '점프캐릭터'에 코드를 작성해요.

● 실습 및 완성 파일 : [14차시]-[실습]-여행게임.ent

'캐릭터'가 '하트'에 닿으면 '게임2' 장면을 시작해요.

여기는 또 어디야? 더 무서운데 ㅠㅠ

'게임2' 장면이 시작되면 '점프캐릭터'가 말을 해요.

✦ HINT ✦

[게임1 장면]

1. '캐릭터' 코드 작성(좌-우로 이동하는 코드는 미리 추가) : ❶ 시작하기 버튼을 클릭했을 때 ❷ "너무 무서워~ 하트를 먹고 다른 곳으로 가자~"를 '3'초 동안 말하기

2. '하트' 코드 작성 : ❶ 시작하기 버튼을 클릭했을 때 ❷ ③~⑥을 계속 반복하기 ❸ 만일 ❹ '캐릭터'에 닿았는가? 이라면 ⑤,⑥ 실행 ❺ '1'초 기다리기 ❻ '게임2' 시작하기

[게임2 장면]

1. '점프캐릭터' 코드 작성 : ❶ 장면이 시작되었을 때 ❷ "여기는 또 어디야? 더 무서워"를 말하기

CHAPTER 15
땅속에 음식을 숨기는 햄스터

귀여운 햄스터는 저축왕이에요. 먹을 것이 있으면 다른 동물이 먹지 못하게 땅을 파서
숨기는 습성이 있어요. 엔트리로 땅을 파서 먹이를 숨기는 햄스터를 만들어봐요.

학습목표

- 코딩 작업에 필요한 변수를 만들 수 있어요.
- 조건에 만족하면 변수에 값을 더할 수 있어요.
- 변수값과 비교하여 오브젝트의 모양을 바꿀 수 있어요.

실습 및 완성 파일 : [15차시] 폴더

작품 미리보기

스페이스 키를 누르면 햄스터가 땅을 파는 모양으로 바뀌고
'흙파기' 변수에 1씩 더해요.

'흙파기' 변수값이 20보다 크면 땅이 파인 오브젝트가 나타나고
'먹이'가 해당 위치로 이동한 후 사라져요.

오늘의 코딩블록

선택한 변수에 저장한 값이에요.

선택한 변수에 입력한 값을 더해요.

코딩 작업에 필요한 변수 만들기

01 파일 탐색기를 실행한 후 [15차시]–[실습] 폴더에서 **먹이 숨기기.ent** 파일을 더블클릭해요.

02 변수를 추가하기 위해 [**속성**] 탭의 [**변수**]에서 [변수 추가하기]를 선택한 후 변수 이름을 **흙파기**로 입력하고 <**변수 추가**>를 클릭해요.

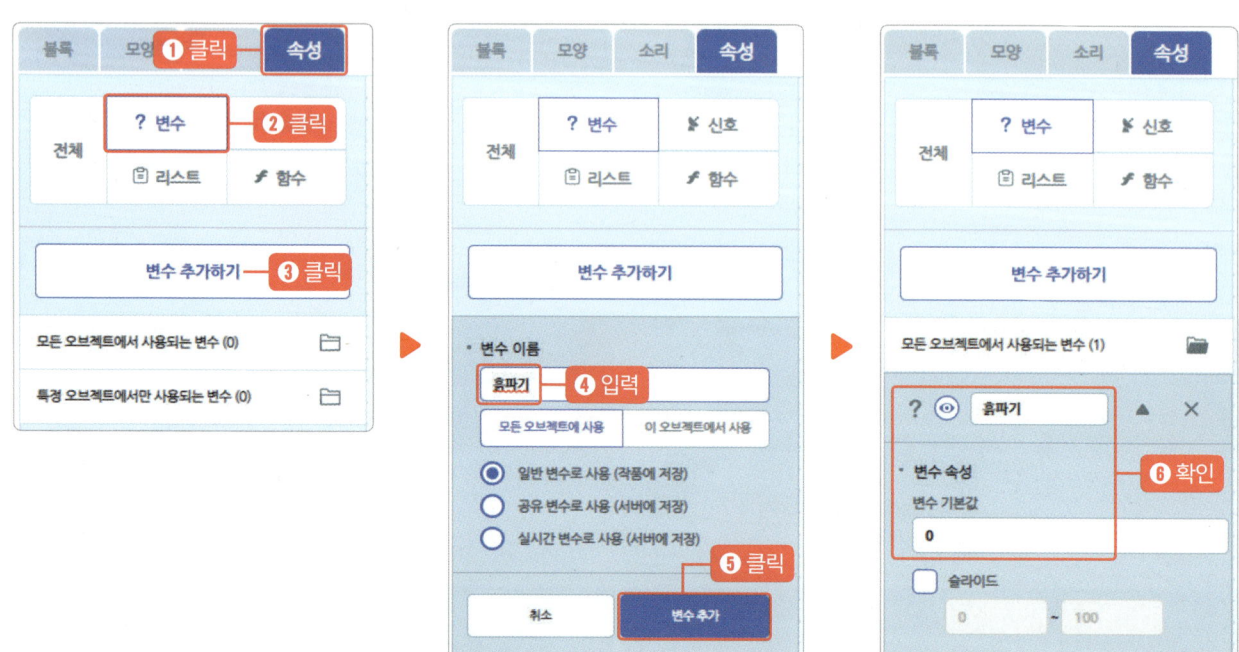

TIP **변수(변하는 수)가 뭔가요?**

변수는 하나만 담을 수 있는 작은 박스예요. 박스 안에 있는 건 언제든지 다른 걸로 바꿀 수 있지만, 한 번에 여러 개를 넣을 수는 없으며, 필요에 따라서 값을 더하거나 뺄 수 있어요. 예를 들어, 스페이스 키를 누를 때마다 점수가 올라가게 하려면 '점수'라는 변수를 만들고, 스페이스 키를 누를 때마다 1씩 더하면 돼요.

스페이스 키를 눌러 땅을 파고 변수에 값을 더하기

01 **햄스터**를 선택하고 **[블록]** 탭에서 시작 의 ▶ 시작하기 버튼을 클릭했을 때 를 블록 조립소로 드래그한 후 흐름 의 계속 반복하기 를 연결해요.

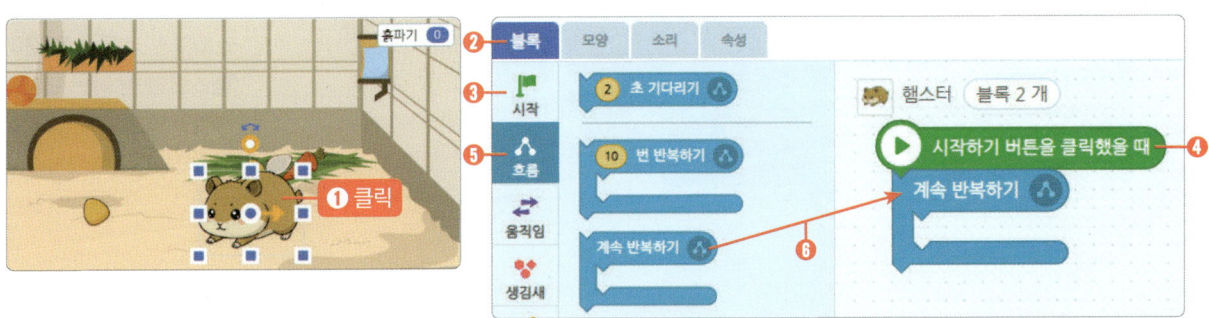

> **TIP**
>
> 실행 화면에 표시된 변수는 마우스로 드래그하여 위치를 변경할 수 있어요.

02 스페이스 키를 눌렀는지 확인하기 위해 흐름 의 만일 참 (이)라면 을 반복 블록 안쪽에 연결한 후 판단 의 q ▼ 키가 눌러져 있는가? 를 참에 끼워 넣고 키를 **스페이스**로 변경해요.

03 스페이스 키를 눌렀을 때 모양을 바꾸고 변수에 값을 더하기 위해 생김새 의 다음 ▼ 모양으로 바꾸기 를 조건 블록 안쪽에 연결한 후 자료 의 흙파기 ▼ 에 10 만큼 더하기 를 연결하고 값을 **1**로 변경해요.

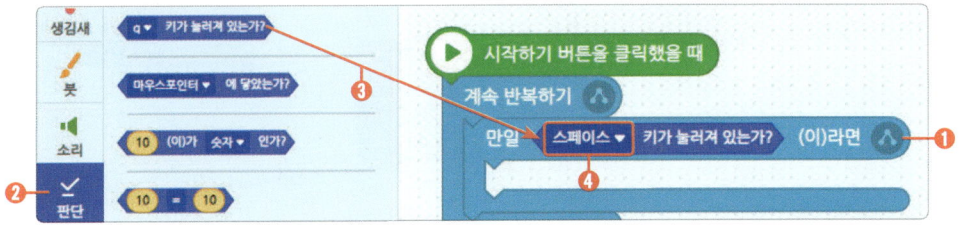

04 의 `2 초 기다리기`를 연결하고 초를 0.1로 변경한 후 [시작하기 버튼을 클릭했을 때] 블록 위에서 마우스 오른 쪽 버튼을 눌러 [코드 복사]를 클릭해요.

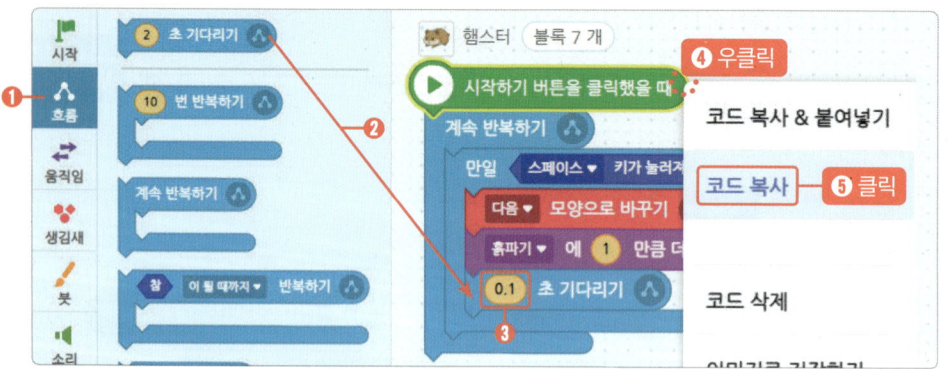

> **TIP**
>
> 스페이스 키를 누를 때마다 '햄스터'가 땅 파는 모양으로 바뀌고 '흙파기' 변수에 값을 1씩 더해요.

STEP 03 땅속에 먹이 숨기기

01 먹이를 선택하고 블록 조립소에서 마우스 오른쪽 버튼을 눌러 [붙여넣기]를 클릭해요. 이어서, 아래 그림처럼 반복 과 조건 블록만 남기고 다른 블록들은 휴지통으로 드래그하여 삭제해요.

02 흙파기 변수값이 20보다 큰지 확인하기 위해 판단의 `10 > 10`를 참에 끼워 넣고 오른쪽 값을 20으로 변경한 후 자료의 `흙파기 ▼ 값`를 왼쪽 10에 끼워 넣어요.

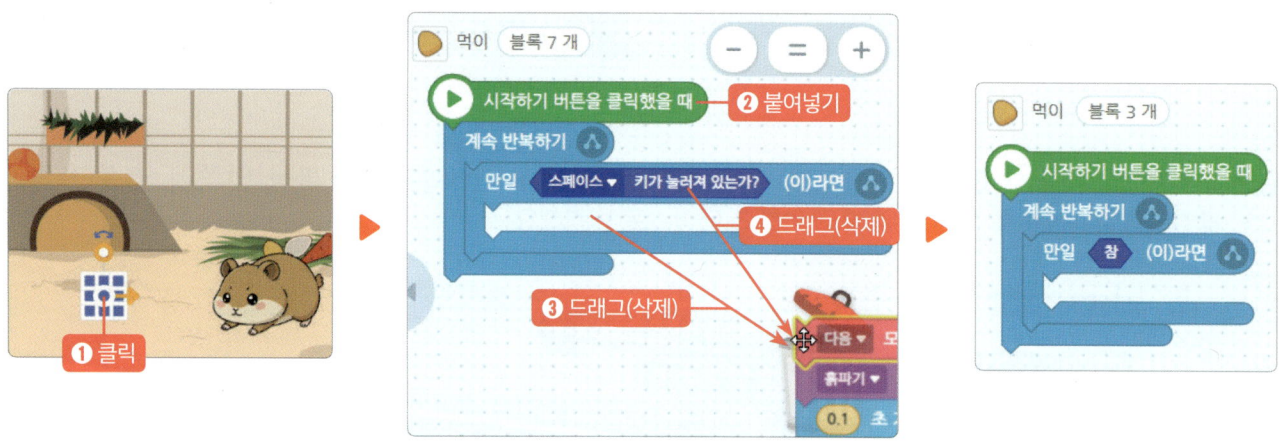

88

03 먹이를 지정된 위치로 이동시키기 위해 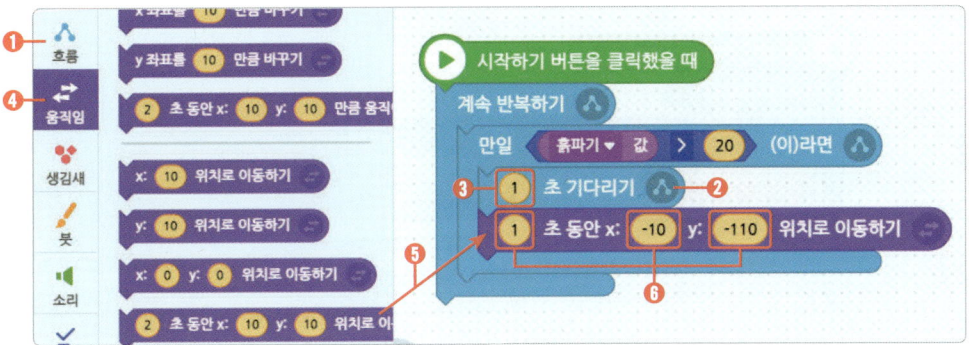의 `2 초 기다리기` 를 조건 블록 안쪽에 연결하고 초를 1로 변경한 후 `2 초 동안 x: 10 y: 10 위치로 이동하기` 를 연결하고 초를 1, x: -10, y: -110으로 변경해요.

04 이동 후 모양을 숨기기 위해 생김새의 `모양 숨기기` 를 연결하고 **[시작하기 버튼을 클릭했을 때]** 블록 위에서 마우스 오른쪽 버튼을 눌러 **[코드 복사]**를 클릭한 후 **흙파기**에 붙여 넣어요.

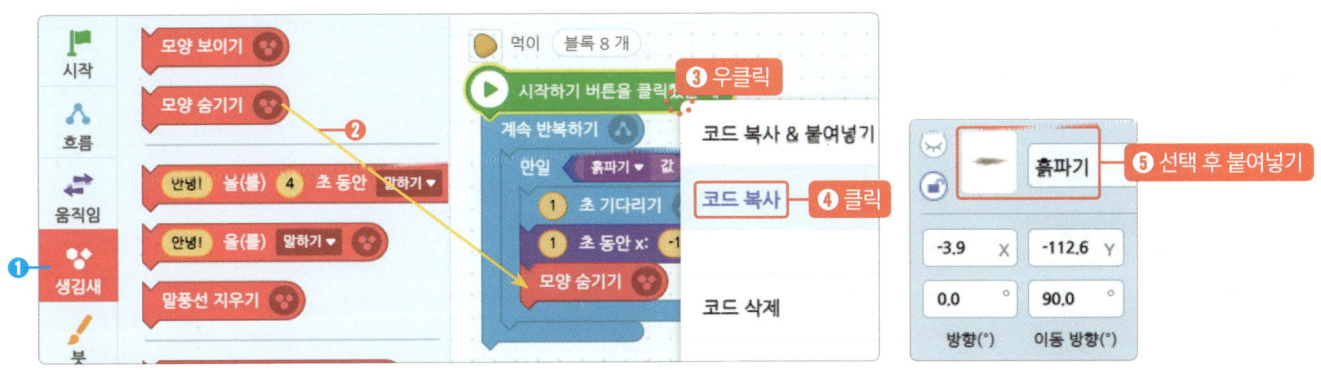

> **TIP**
>
> '흙파기' 오브젝트는 모양이 숨겨져 있기 때문에 오브젝트 목록에서 선택해야 해요. '먹이'는 땅을 파서 '흙파기' 변수값이 '20'보다 커지면 땅을 판 위치로 이동한 후 모양을 숨겨요.

05 흙파기에 코드가 복사되면 아래 그림처럼 반복과 조건 블록만 남기고 다른 블록들은 휴지통으로 드래그하여 삭제해요.

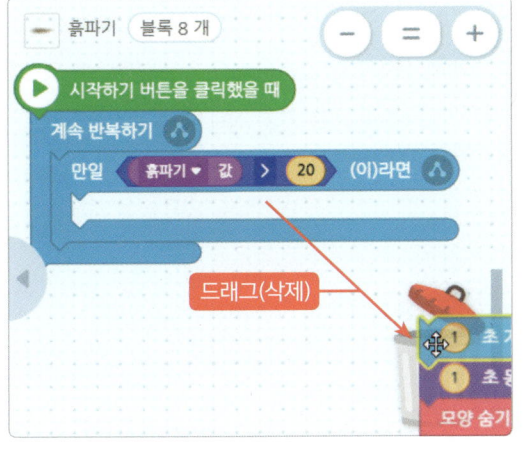

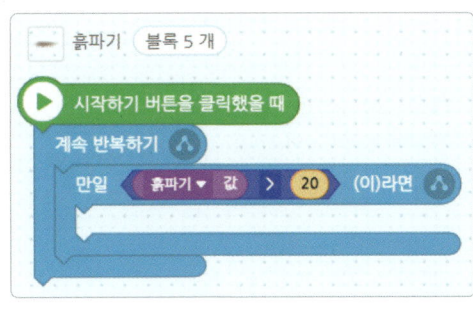

06 조건에 만족하면 숨겨진 모양을 실행 화면에 보이기 위해 ![생김새] 의 ![모양 보이기] 를 조건 블록 안쪽에 연결해요.

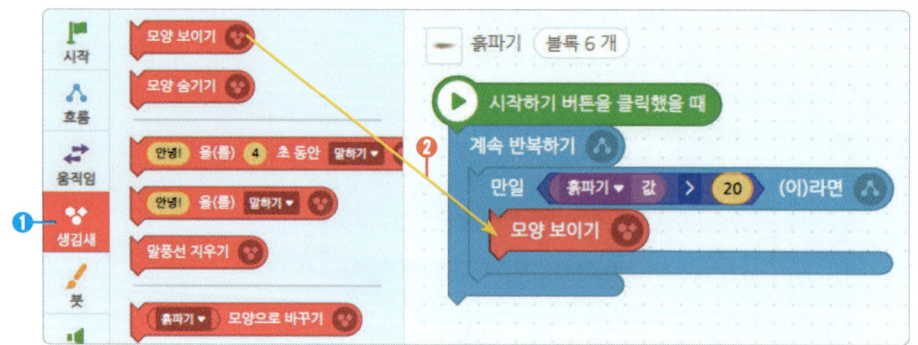

TIP

땅을 파서 '흙파기' 변수값이 '20'보다 커지면 숨겨진 '흙파기' 오브젝트가 실행 화면에 나타나요.

07 코드 작업이 끝나면 ![▶ 시작하기] 를 클릭하여 결과를 확인한 후 복사본으로 파일(홍길동_먹이 숨기기)을 저장해요.

90

미션 해결하기

01 그림 내용과 힌트를 참고하여 '양상추', '양파', '치즈', '위쪽빵'에 코드를 작성해요.

● 실습 및 완성 파일 : [15차시]-[실습]-샌드위치.ent

샌드위치 재료를 클릭하면 지정된 x-y 위치로 이동하고 '순서' 변수값에 1을 더해요.

샌드위치 재료는 순서에 맞게 클릭해야만 이동해요.

◆ HINT ◆

1. '순서' 변수 만들기 : [속성] 탭의 [변수]에서 변수 추가하기
2. '양상추' 코드 작성 : ❶ 오브젝트를 클릭했을 때 ❷ 만일 ❸ ❹값이 '0'과 같다면 이라면 ❺,❻ 실행 ❹ '순서' 값
   ❺ '순서'에 '1'만큼 더하기 ❻ '1'초 동안 'x: 150', 'y: -30' 위치로 이동하기
3. '양파', '치즈', '위쪽빵' 코드 작성 : '양상추' 코드를 복사하여 각각의 오브젝트에 붙여 넣은 후 조건문의 값을 '양파'는
   '1'(순서 ▼ 값 = 1)', '치즈'는 '2'(순서 ▼ 값 = 2)', '위쪽빵'은 '3'(순서 ▼ 값 = 3)'으로 변경해요.

02 그림 내용과 힌트를 참고하여 '사슴'에 코드를 작성해요.

● 실습 및 완성 파일 : [15차시]-[실습]-동물의 왕국.ent

쫓아오는 '호랑이'를 피해 스페이스 키를 누르면 '사슴'이 점프해서 피해요.

호랑이한테 잡혔다

'호랑이'에 닿으면 '생명' 변수에 -1을 더해 변수값을 줄이고, '생명' 값이 '0'이 되면 말을 한 후 모든 코드를 멈춰요.

◆ HINT ◆

1. '생명' 변수 만들기 : [속성] 탭의 [변수]에서 변수 추가하기 , 변수 기본값을 '3'으로 입력
2. '사슴' 코드 작성 : ❶ 시작하기 버튼을 클릭했을 때 ❷ ❸~⓫을 계속 반복하기 ❸ 만일 ❹ '호랑이'에 닿았는가? 이라
   면 ❺,❻ 실행 ❺ '생명'에 '-1'만큼 더하기 ❻ '2초' 기다리기 ❼ 만일 ❽ ❾ 값이 '0'과 같다면 이라
   면 ❿,⓫ 실행 ❾ '생명' 값 ❿ "호랑이한테 잡혔다"를 말하기 ⓫ '모든' 코드 멈추기

TIP '호랑이'는 1에서 3초 사이에 아래쪽으로 반복해서 이동하는 코드와 '사슴'은 스페이스 키를 눌렀을 때 점프하는 코드
가 미리 추가되어 있어요.

CHAPTER 16
그리기 기능으로 아기 오리 변장시키기

봄이 돼서 귀여운 병아리를 키우게 되었어요. 그런데 알에서 깨어난 병아리들 사이에 생김새가 다른 오리 한 마리가 있네요. 엔트리를 이용하여 오리를 찾지 못하도록 변장시켜 보세요.

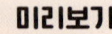 **학습목표**

- 붓 블록을 이용하여 그림을 그리거나 멈출 수 있습니다.
- 그림을 그릴 때 그리기의 '굵기'나 '투명도'를 지정할 수 있습니다.
- 그리기 색을 다양한 색으로 지정할 수 있습니다.

실습 및 완성 파일 : [16차시] 폴더

작품 미리보기

'연필'이 마우스 포인터를 따라다니고
'주황', '노랑', '검정' 오브젝트에 닿으면 그리기 색이 변경돼요.

마우스를 클릭하면 그리기가 시작되고,
클릭을 해제하면 그리기를 멈춰요.

오늘의 코딩블록

그리기 시작하기

그리기 멈추기

그리기 색을 ■ (으)로 정하기

그리기 굵기를 1 (으)로 정하기

그리기를 시작하고 멈출 수 있어요.

그리기 색과 굵기를 원하는 색과 값으로 정할 수 있어요.

붓의 색깔 변경하기

01 파일 탐색기를 실행한 후 [16차시]−[실습] 폴더에서 **오리숨기기.ent** 파일을 더블클릭해요.

02 **연필**을 선택하고 [시작]의 (▶ 시작하기 버튼을 클릭했을 때)를 블록 조립소로 드래그한 후 [붓]의 (그리기 굵기를 1 (으)로 정하기)를 연결하고 굵기를 8로 변경해요.

03 연필이 마우스 포인터를 따라다니도록 [흐름]의 (계속 반복하기)를 연결하고 [움직임]의 (연필▼ 위치로 이동하기)를 반복 블록 안쪽에 연결한 후 위치를 **마우스포인터**로 변경해요.

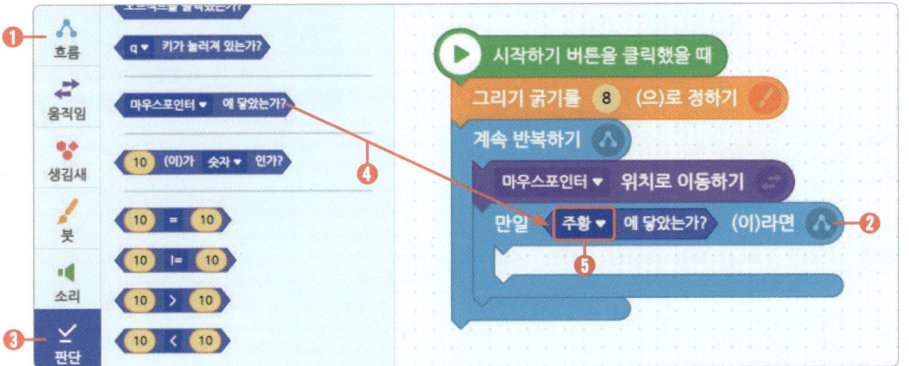

> **TIP**
>
> 장면이 시작되면 붓의 굵기를 8로 정한 후 '연필'이 마우스 포인터 위치로 계속 따라다녀요.

04 주황에 닿았는지 확인하기 위해 [흐름]의 (만일 참 (이)라면)을 연결한 후 [판단]의 (마우스포인터▼ 에 닿았는가?)를 참에 끼워 넣고 대상을 **주황**으로 변경해요.

05 색을 정하기 위해 ✏️의 `그리기 색을 [ ] (으)로 정하기` 를 조건 블록 안쪽에 연결한 후 색을 **주황색**으로 변경해요.

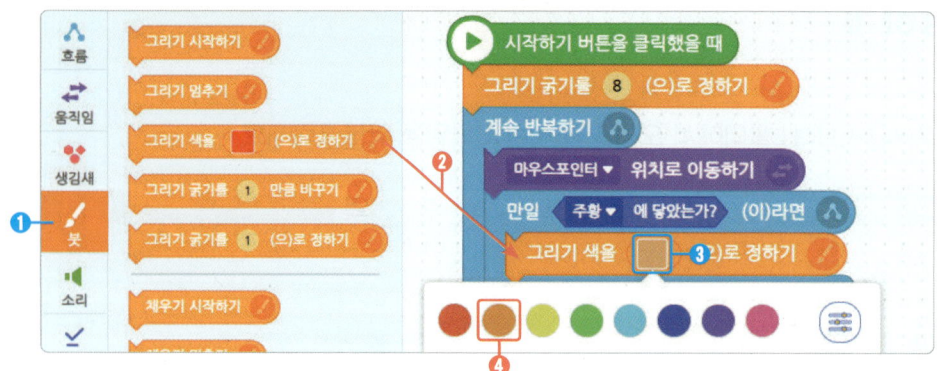

> **TIP** **색상 선택**
>
> 색을 정할 때는 **팔레트 모드(▦)**와 **슬라이더 모드(☰)**를 이용할 수 있어요. 팔레트 모드는 다양한 색상 중에서 원하는 색을 바로 선택할 수 있으며, 슬라이더 모드는 마우스로 '색상, 채도, 명도'를 드래그하여 색을 변경할 수 있어요.
>
>
>
> ▲ 팔레트 모드   ▲ 슬라이더 모드

06 코드를 복사하기 위해 [만일 주황에 닿았는가? 이라면] 블록 위에서 마우스 오른쪽 버튼을 눌러 [**코드 복사 & 붙여넣기**]를 클릭해요.

07 코드가 복사되면 아래쪽에 연결한 후 **대상**과 **색**을 변경해요. 똑같은 방법으로 코드를 복사하여 **대상**과 **색**을 변경해요.

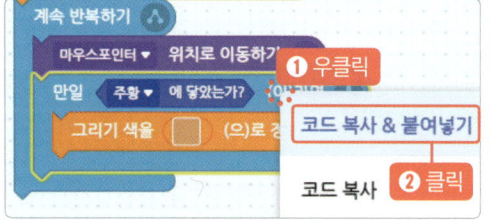  

> **TIP**
>
> '연필'이 '주황', '노랑', '검정' 오브젝트에 닿으면 그리기 색이 지정한 색으로 정해져요.

STEP 02 마우스를 이용하여 그리기를 시작하고 멈추기

01 연필이 선택된 상태에서 [시작]의 ⬤ 마우스를 클릭했을 때 를 블록 조립소로 드래그한 후 [흐름]의 계속 반복하기 를 연결해요. 이어서, [붓]의 그리기 시작하기 를 반복 블록 안쪽에 연결해요.

02 [시작]의 ⬤ 마우스 클릭을 해제했을 때 를 블록 조립소로 드래그한 후 [흐름]의 계속 반복하기 를 연결해요. 이어서, [붓]의 그리기 멈추기 를 반복 블록 안쪽에 연결해요.

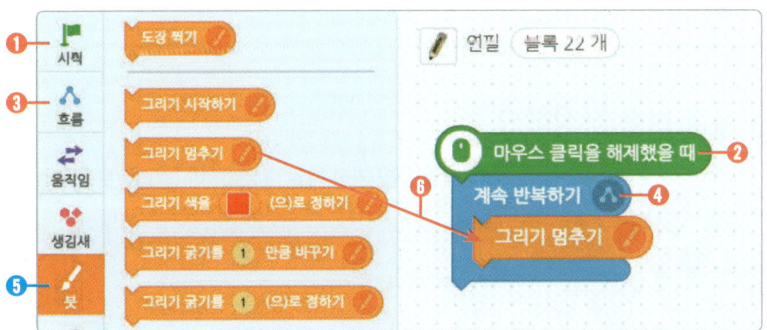

TIP

마우스를 클릭하면 실행 화면에 그리기가 시작되고 마우스 버튼에서 손을 떼면(클릭 해제) 그리기를 멈춰요.

03 코드 작업이 끝나면 ▶ 시작하기 를 클릭하여 결과를 확인한 후 복사본으로 파일(홍길동_오리숨기기)을 저장해요.

코딩런

미션 해결하기

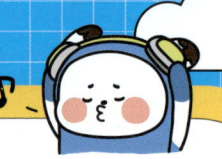

01 그림 내용과 힌트를 참고하여 '연필'에 코드를 작성해요.

● 실습 및 완성 파일 : [16차시]-[실습]-장식그리기.ent

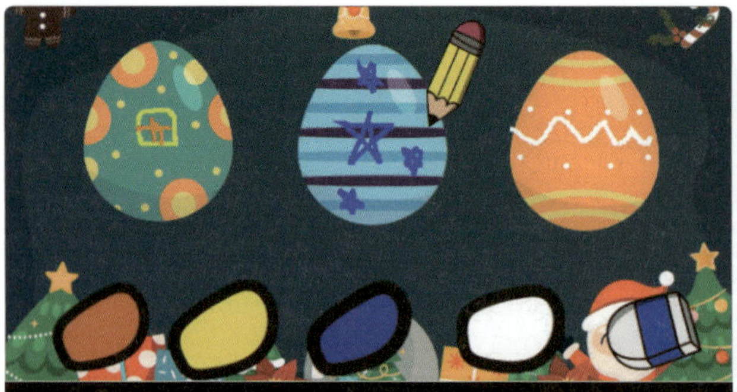

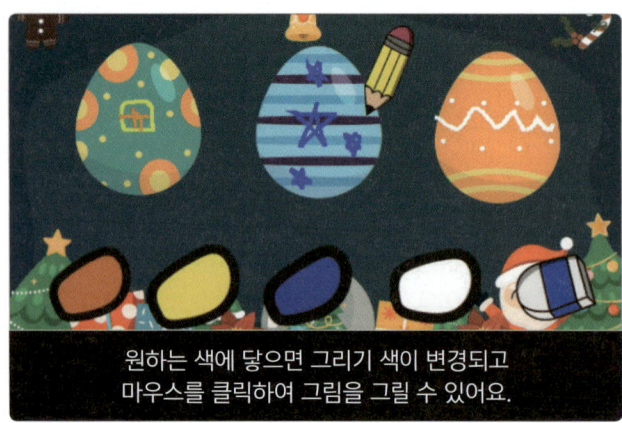

원하는 색에 닿으면 그리기 색이 변경되고 마우스를 클릭하여 그림을 그릴 수 있어요.

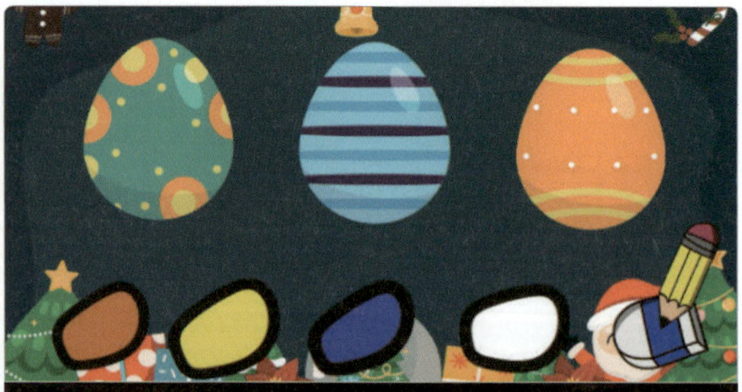

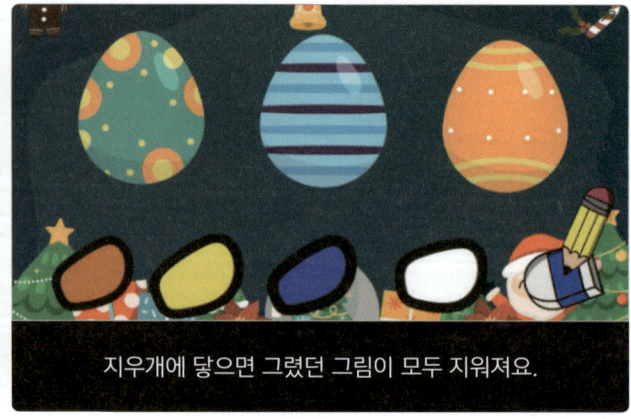

지우개에 닿으면 그렸던 그림이 모두 지워져요.

✦HINT✦

1. '연필'에 코드 추가하기 : ❶ 만일 ❷ '지우개'에 닿았는가? 이라면 ③ 실행 ❸ 모든 붓 지우기

TIP '연필'에는 마우스 포인터를 따라다니면서 그림이 그려지고 그리기 색이 변경되는 코드가 미리 추가되어 있어요.

02 그림 내용과 힌트를 참고하여 '연필'에 코드를 작성해요.

● 실습 및 완성 파일 : [16차시]-[실습]-붓종류.ent

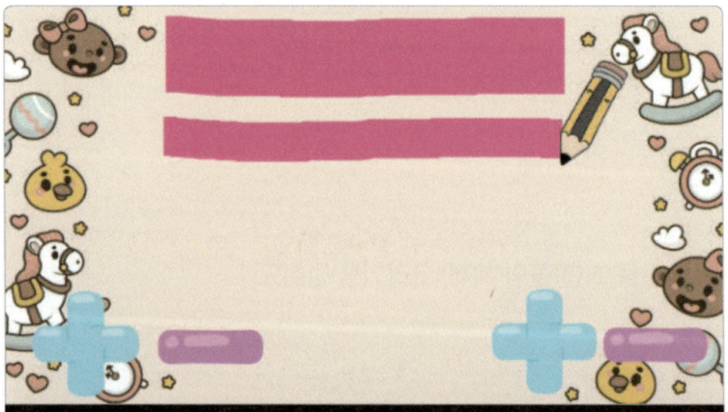

'연필'이 '굵게'에 닿으면 붓의 굵기가 굵어지고 '얇게'에 닿으면 붓의 굵기가 얇아져요.

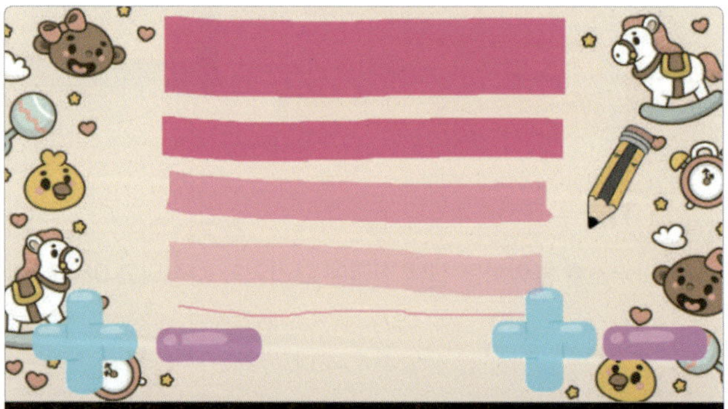

'연필'이 '투명하게'에 닿으면 투명도가 높아지고 '불투명하게'에 닿으면 투명도가 낮아져요.

✦HINT✦

1. '연필' 코드 작성 : ❶ 시작하기 버튼을 클릭했을 때 ❷ 그리기 굵기를 '3'으로 정하기 ❸ 그리기 색을 '분홍색'으로 정하기 ❹ ⑤~⑰을 계속 반복하기 ❺ '마우스포인터' 위치로 이동하기 ❻ 만일 ❼ '굵게'에 닿았는가? 이라면 ⑧ 실행 ❽ 그리기 굵기를 '1'만큼 바꾸기 ❾ 만일 ❿ '얇게'에 닿았는가? 이라면 ⑪ 실행 ⓫ 그리기 굵기를 '-1'만큼 바꾸기 ⓬ 만일 ⓭ '투명하게'에 닿았는가? 이라면 ⑭ 실행 ⓮ 붓의 투명도를 '1'%만큼 바꾸기 ⓯ 만일 ⓰ '불투명하게'에 닿았는가? 이라면 ⑰ 실행 ⓱ 붓의 투명도를 '-1'%만큼 바꾸기

TIP '연필'에는 마우스를 클릭했을 때 그림이 그려지고 해제했을 때 그리기가 멈추는 코드가 미리 추가되어 있어요.

CHAPTER 17

병아리 성장 일기

정성껏 키운 귀여운 병아리가 닭이 되면 좋겠죠? 먹이도 주고 잘 보살펴주면 어른 닭이 되어 꼬끼오 소리도 낼 수 있어요. 엔트리에서 시간에 따라 병아리가 성장하는 과정을 만들어봐요.

학습목표

- 초시계를 시작하거나 정지할 수 있습니다.
- 초시계 값을 비교하여 오브젝트의 모양을 바꿀 수 있습니다.
- 두 개의 조건을 모두 만족할때만 블록을 실행할 수 있습니다.

실습 및 완성 파일 : [17차시] 폴더

작품 미리보기

장면이 시작되면 암탉이 말을 하고 초시계가 시작되며 시간이 지나면 병아리 모양으로 바뀌어요.

초시계 값이 15초가 되면 어른 닭으로 모양이 바뀌면서 초시계가 정지되고 다 컸다고 말을 해요.

오늘의 코딩블록

초시계를 시작하거나 정지할 수 있어요.

두 개의 조건이 모두 '참'일 때 참이 돼요.

두 개의 조건 중 하나라도 '참'이면 참이 돼요.

초시계 시간에 맞추어 병아리 모양으로 바꾸기

01 파일 탐색기를 실행한 후 [17차시]-[실습] 폴더에서 **병아리 성장.ent** 파일을 더블클릭해요.

02 **부화**를 선택하고 의 시작하기 버튼을 클릭했을 때 를 블록 조립소로 드래그한 후 의 초시계 시작하기 를 연결해요.

> **TIP**
>
> 초시계 시작하기 블록을 추가하면 초시계가 실행 화면에 나타나고 마우스로 드래그하여 위치를 변경할 수 있어요. 만약 실행 화면에서 초시계를 숨기려면 초시계 숨기기 를 추가해요.

03 조건을 판단하기 위해 의 계속 반복하기 를 연결하고 만일 참 (이)라면 을 반복 블록 안쪽에 연결해요.

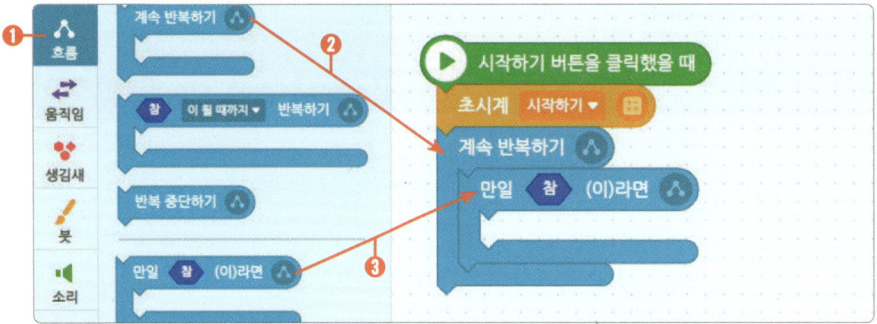

04 양쪽의 조건을 함께 판단하기 위해 의 참 그리고 참 을 참에 끼워 넣은 후 10 > 10 를 양쪽 참에 끼워 넣어요. 이어서, 왼쪽 조건은 **값(5)**을 오른쪽 조건은 **등호(<=)**를 변경해요.

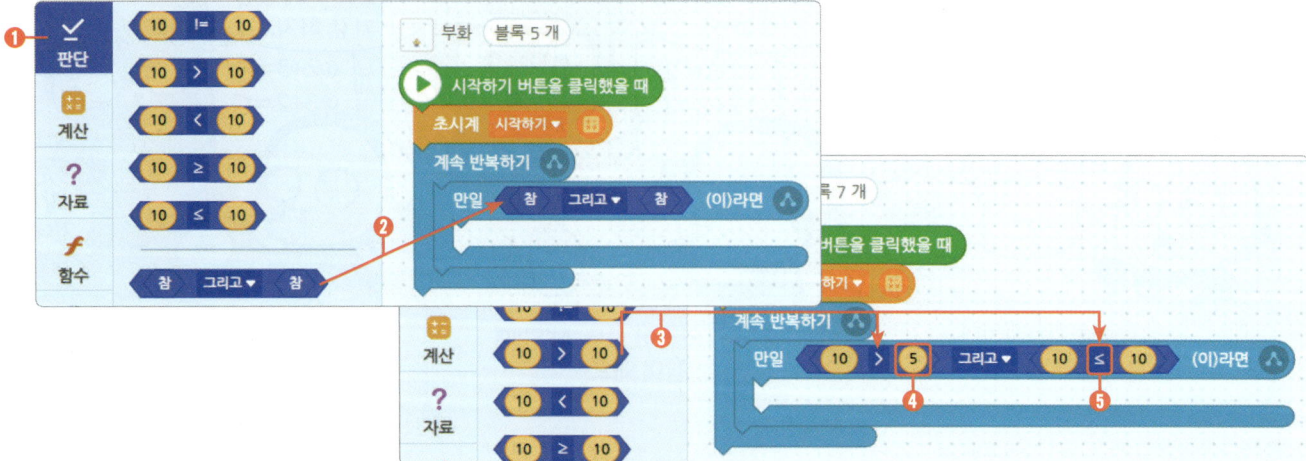

05 초시계 값을 판단하기 위해 [계산]의 [초시계 값]을 양쪽 조건에 끼워 넣은 후 [생김새]의 [부화 ▼ 모양으로 바꾸기]를 조건 블록 안쪽에 연결하고 모양을 **작은병아리**로 변경해요.

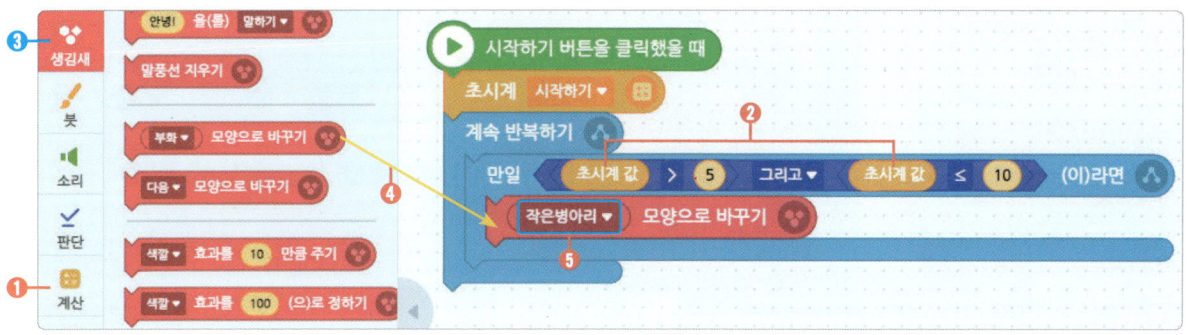

> **TIP**
>
> 장면이 시작되면 초시계가 시작되고 초시계 값이 '5'보다 크고 '10' 이하이면 모양을 '작은병아리'로 바꿔요.

06 코드를 복사하기 위해 [만일 그리고 이라면] 블록 위에서 마우스 오른쪽 버튼을 눌러 [코드 복사 & 붙여넣기]를 클릭해요.

07 코드가 복사되면 아래쪽에 연결한 후 양쪽 조건의 **값(10, 15)**과 **모양(큰병아리)**을 변경해요.

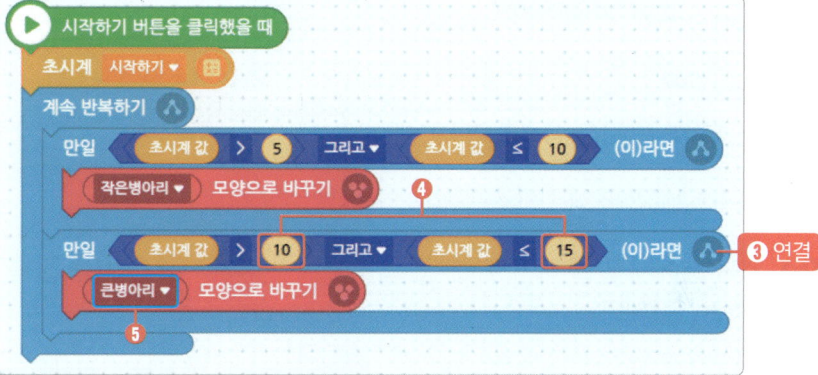

STEP 02 닭이 되면 초시계를 정지하고 말을 하기

01 조건을 지정하기 위해 [흐름]의 [만일 참 (이)라면]을 연결한 후 [판단]의 [10 > 10]를 참에 끼워 넣고 오른쪽 값을 15로 변경해요.

02 초시계 값을 판단하기 위해 ⊞의 초시계 값 을 왼쪽 값(10)에 끼워 넣고 🔴의 부화 ▼ 모양으로 바꾸기 🔴 를 조건 블록 안쪽에 연결한 후 모양을 **수탉**으로 변경해요.

03 15초가 지나면 초시계를 정지하기 위해 ⊞의 초시계 시작하기 ▼ ⊞ 를 연결하고 상태를 **정지하기**로 변경한 후 🔺의 반복 중단하기 🔺 를 연결해요.

> **TIP**
>
> 초시계 값이 15보다 크면 모양을 '수탉'으로 바꾸고 초시계를 정지한 후 반복을 중단해요.

04 엄마 닭에게 말을 하기 위해 🔴의 안녕! 을(를) 말하기 ▼ 🔴 를 반복 블록 바깥쪽에 연결한 후 말을 "**나 이제 다 컸어요 ~**"로 변경해요.

05 코드 작업이 끝나면 ▶ 시작하기 를 클릭하여 결과를 확인한 후 복사본으로 파일(홍길동_병아리성장)을 저장해요.

코딩런
미션 해결하기

01 그림 내용과 힌트를 참고하여 '해골1', '글상자', '쿠키1'에 코드를 작성해요.

● 실습 및 완성 파일 : [17차시]-[실습]-달리기 경주.ent

초시계 4.2

장면이 시작되면 초시계가 시작되고 'Z'와 'X' 키를 누르면
모양을 바꿔가며 이동 방향으로 움직여요.

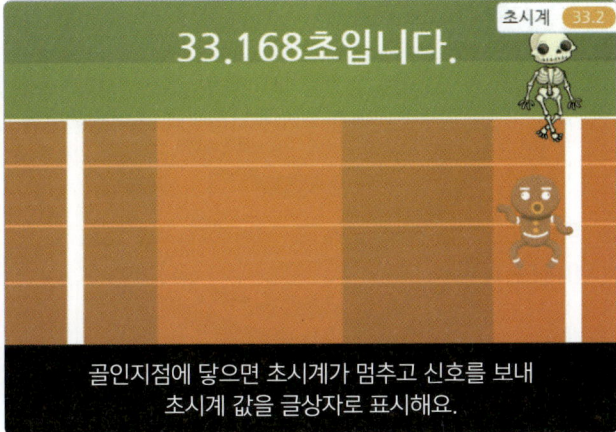

33.168초입니다.

초시계 33.2

골인지점에 닿으면 초시계가 멈추고 신호를 보내
초시계 값을 글상자로 표시해요.

◆HINT◆

1. '말하기' 신호 추가하기 : [속성] 탭의 [신호]에서 [신호 추가하기]

2. '시간' 변수 추가하여 숨기기 : [속성] 탭의 [변수]에서 [변수 추가하기] → [? ☺ 시간]

3 '해골1' **코드** 작성 : [코드1] → ❶ 'Z' 키를 눌렀을 때 ❷ '해골1' 모양으로 바꾸기 ❸ 이동 방향으로 '3'만큼 움직이기
  [코드2] → ❶ 'X' 키를 눌렀을 때 ❷ '해골2' 모양으로 바꾸기 ❸ 이동 방향으로 '3'만큼 움직이기
  [코드3] → ❶ 시작하기 버튼을 클릭했을 때 ❷ 초시계 '시작하기' ❸ ④~⑨ 계속 반복하기 ❹ 만일 ❺ '골인지점'에 닿았는가? 이라면 ⑥~⑨ 실행 ❻ '시간'을 ⑦로 정하기 ❼ '초시계' 값 ❽ 초시계 '정지하기' ❾ '말하기' 신호 보내기

4. '글상자' 코드 작성 : [코드1] → ❶ 시작하기 버튼을 클릭했을 때 ❷ ◯라고 글쓰기 [코드2] → ❶ '말하기' 신호를 받았을 때 ❷ ③라고 글쓰기 ❸ '시간' 값 ❹ "초입니다."라고 뒤에 이어쓰기

5. '쿠키1' 코드 추가(0.1초 기다리기 아래) : ❶ 만일 ❷ '골인지점'에 닿았는가? 이라면 ③ 실행 ❸ 반복 중단하기

TIP '쿠키1'은 모양을 바꿔가며 이동 방향으로 무작위 수만큼 움직이는 코드가 미리 추가되어 있어요.

CHAPTER 18

ENTRY

나비를 잡는 고양이

이번에는 귀여운 장난꾸러기 고양이를 키우게 되었어요. 따뜻한 날이면 창가에 앉아 나비가 날아다니는 모습을 바라보고 있네요. 엔트리로 고양이가 나비를 잡을 수 있도록 만들어봐요.

학습목표

- 지정한 오브젝트 쪽으로 바라볼 수 있습니다.
- 키를 눌렀을 때 이동 방향으로 오브젝트를 움직일 수 있습니다.
- 조건에 만족하면 처음부터 다시 실행할 수 있습니다.

실습 및 완성 파일 : [18차시] 폴더

작품 미리보기

'나비'는 임의의 좌-우 위치로 계속 이동하고 '고양이'는 '나비'가 이동하는 방향을 바라봐요.

'고양이'는 스페이스 키를 누르면 점프하는 동작으로 바뀌고 '나비'에 닿으면 장면을 처음부터 다시 실행해요.

오늘의 코딩블록

선택한 오브젝트 또는 마우스 포인터 쪽을 바라봐요.

작품을 처음부터 다시 실행해요.

나비가 고양이에 닿기 전까지 좌-우로 날아다니기

01 파일 탐색기를 실행한 후 [18차시]-[실습] 폴더에서 **나비잡기.ent** 파일을 더블클릭해요.

02 **나비**를 선택하고 의 시작하기 버튼을 클릭했을 때 를 블록 조립소로 드래그한 후 의 참 이 될 때까지 ▼ 반복하기 를 연결해요.

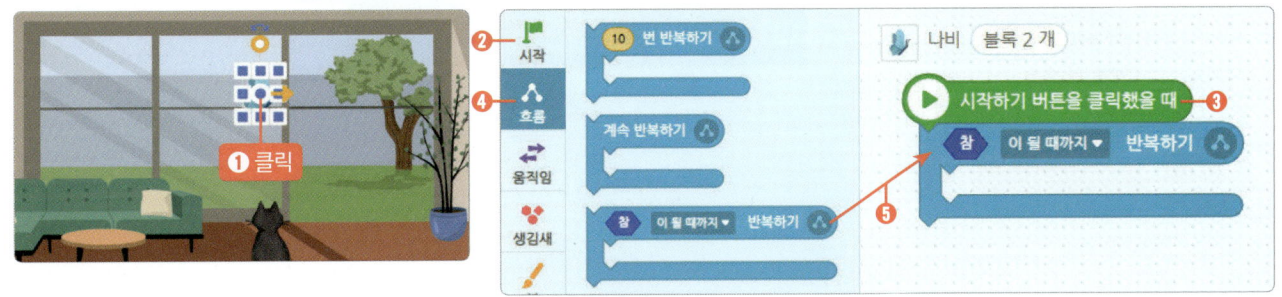

03 고양이에 닿기 전까지 반복하기 위해 의 마우스포인터 ▼ 에 닿았는가? 를 참에 끼워 넣고 대상을 **고양이**로 변경해요.

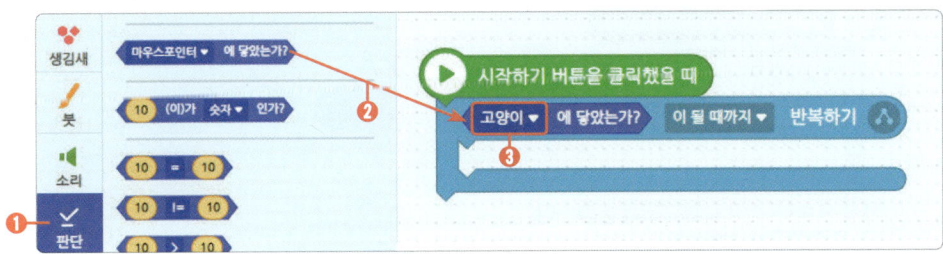

04 나비가 임의의 X 위치로 이동하도록 의 x: 10 위치로 이동하기 를 반복 블록 안쪽에 연결한 후 의 0 부터 10 사이의 무작위 수 를 값에 끼워 넣고 −160부터 160으로 변경해요.

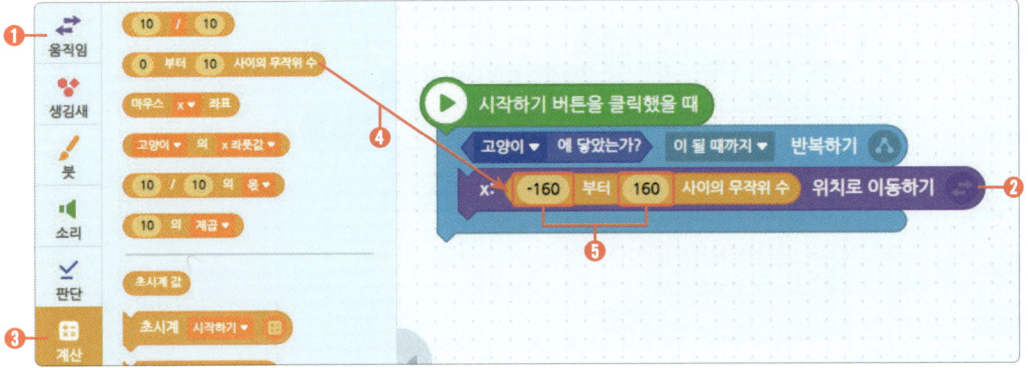

> **TIP**
>
> '나비'가 '고양이'에 닿기 전까지 −160에서 160 사이의 x 위치로 계속 이동해요. '~이 될 때까지'는 조건이 '참'이 될 때까지(나비가 고양이에 닿을 때까지) 안쪽에 연결된 블록을 계속 실행해요. 즉, '나비'가 '고양이'에 닿지 않는 동안은 계속 좌-우로 이동해요.

05 임의의 시간을 기다리기 위해 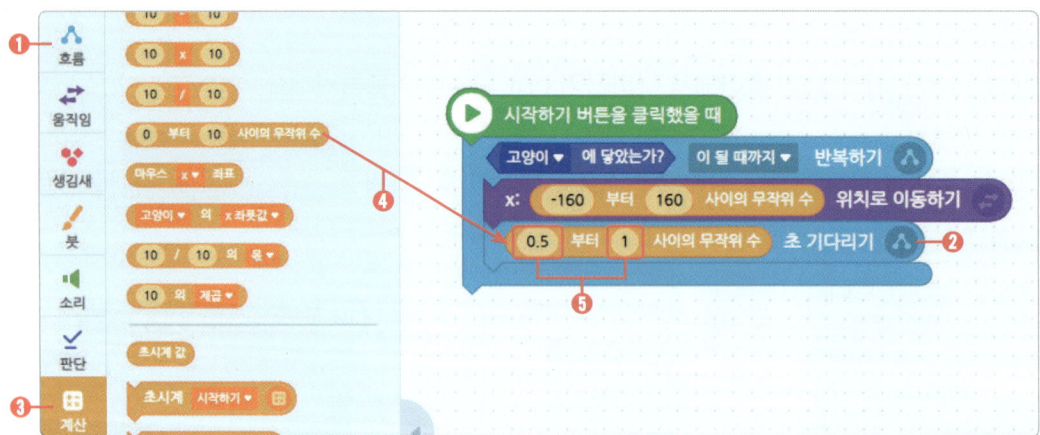 의 2 초 기다리기 를 연결한 후 계산 의 0 부터 10 사이의 무작위 수 를 초에 끼워 넣고 0.5부터 1로 변경해요.

06 고양이에 닿으면 말을 하기 위해 생김새 의 안녕! 을(를) 말하기 를 반복 블록 바깥쪽에 연결하고 말을 **"왜 때려~"**로 변경한 후 흐름 의 2 초 기다리기 를 연결해요.

07 장면을 처음부터 다시 실행하기 위해 흐름 의 처음부터 다시 실행하기 를 연결해요.

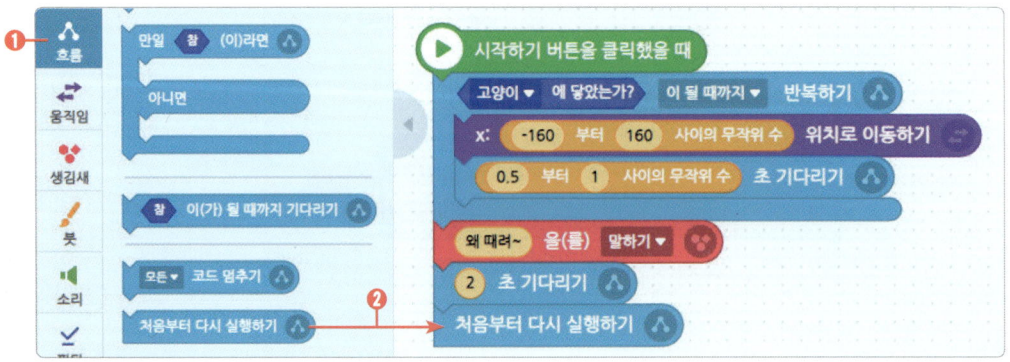

> **TIP**
>
> 장면이 시작되면 '나비'는 '고양이'에 닿기 전까지 임의의 x 위치로 계속 이동해요. '나비'가 이동하는 도중에 '고양이'에 닿으면 말을 한 후 장면을 처음부터 다시 실행해요.

STEP 02 점프하여 나비를 잡는 고양이

01 **고양이**를 선택하고 시작의 ▶ 시작하기 버튼을 클릭했을 때 를 블록 조립소로 드래그한 후 흐름의 계속 반복하기 를 연결해요.

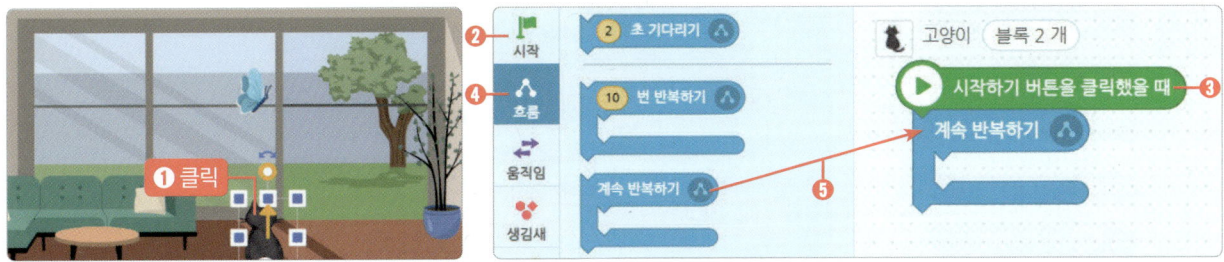

02 움직임의 고양이▼ 쪽 바라보기 를 반복 블록 안쪽에 연결하고 대상을 **나비**로 변경한 후 흐름의 만일 참 (이)라면 을 연결해요. 이어서, 판단의 q▼ 키가 눌러져 있는가? 를 참에 끼워 넣고 키를 **스페이스**로 변경해요.

TIP

장면이 시작되면 '고양이'가 방향을 바꿔 '나비' 쪽을 계속 바라보며, 스페이스 키가 눌러져 있는지 확인해요.

03 스페이스 키를 누르면 모양을 바꾸기 위해 생김새의 고양이▼ 모양으로 바꾸기 2개를 조건 블록 안쪽에 연결한 후 첫 번째 블록의 모양을 **고양이 발**로 변경해요.

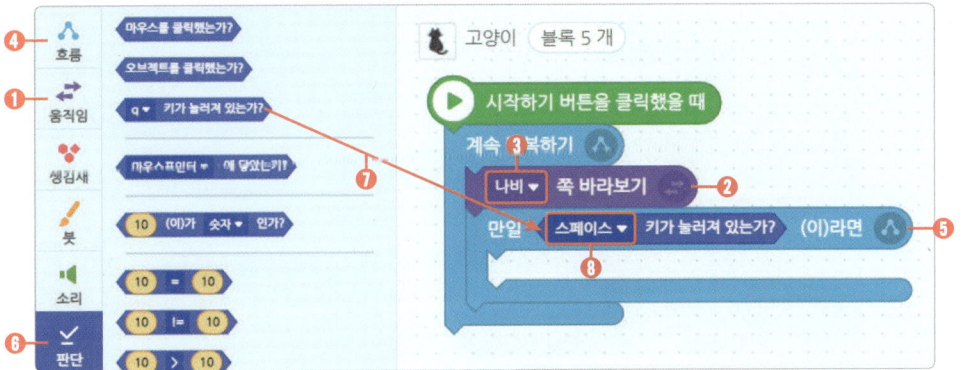

04 스페이스 키를 누르면 모양을 바꿔 이동 방향으로 움직이기 위해 [움직임]의 [이동 방향으로 10 만큼 움직이기] 2개를 모양 바꾸기 블록 사이에 연결한 후 값을 **100**과 **−100**으로 변경해요.

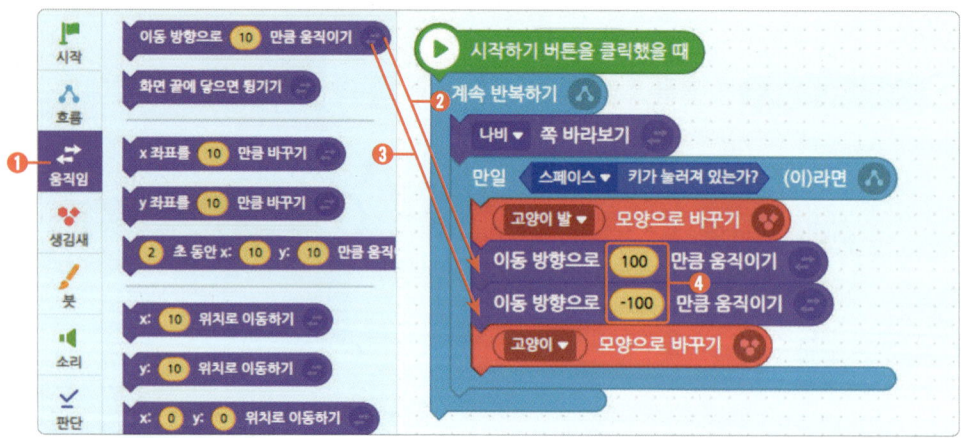

05 [흐름]의 [2 초 기다리기]를 움직이기 블록 사이에 연결한 후 초를 **0.2**로 변경해요.

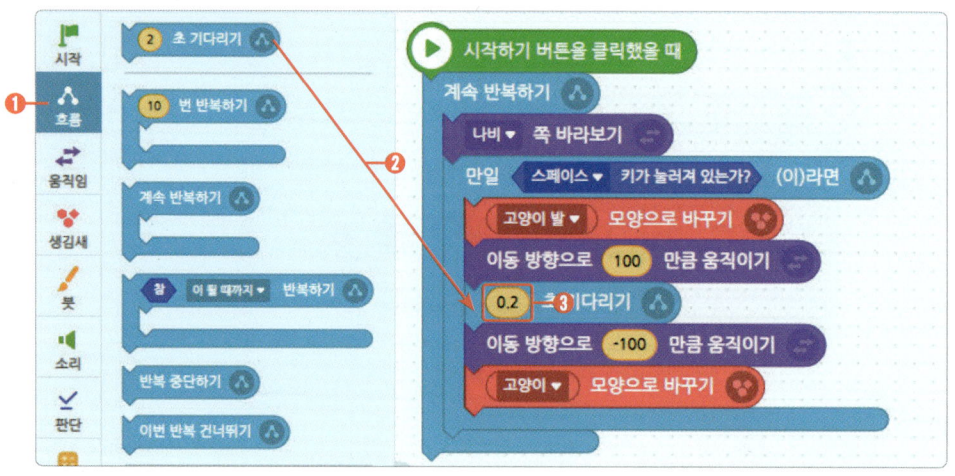

> **TIP**
>
> 장면이 시작되면 '고양이'가 '나비' 쪽을 계속 바라보며, 스페이스 키를 누르면 모양을 바꿔 나비 쪽으로 점프해요.

06 코드 작업이 끝나면 [▶ 시작하기]를 클릭하여 결과를 확인한 후 복사본으로 파일(홍길동_나비잡기)을 저장해요.

미션 해결하기
코딩런

01 그림 내용과 힌트를 참고하여 '대포'와 '포탄'에 코드를 작성해요.

● 실습 및 완성 파일 : [18차시]-[실습]-물폭탄.ent

'대포'는 마우스 포인터 쪽을 계속 바라보며 회전해요.

스페이스 키를 누르면 '포탄'은 마우스 포인터에 닿을 때까지 이동 방향으로 이동한 후 처음부터 다시 실행해요.

◆HINT◆

1. '대포' 코드 작성 : ❶ 시작하기 버튼을 클릭했을 때 ❷ ③을 계속 반복하기 ❸ '마우스포인터' 쪽 바라보기
2. '포탄' 코드 작성 : [코드1] → ❶ 시작하기 버튼을 클릭했을 때 ❷ ③을 계속 반복하기 ❸ '마우스포인터' 쪽 바라보기
   [코드2] → ❶ '스페이스' 키를 눌렀을 때 ❷ ❸ 마우스포인터에 닿았는가?이 될 때까지 ❹ 반복하기
   ❹ 이동 방향으로 '10'만큼 움직이기 ❺ 처음부터 다시 실행하기

TIP '포탄'은 '대포' 뒤쪽에 숨겨져 있기 때문에 오브젝트 목록에서 선택해야 해요.

02 그림 내용과 힌트를 참고하여 '사람'에 코드를 작성해요.

● 실습 및 완성 파일 : [18차시]-[실습]-잠자리 피하기.ent

'잠자리'는 마우스 포인터 위치로 계속 이동하고 '사람'은 '잠자리' 쪽을 계속 바라봐요.

잡았다!

'사람'이 이동 방향으로 계속 이동하다가 '잠자리'에 닿으면 말을 한 후 모든 코드를 멈춰요.

◆HINT◆

1. '사람' 코드 작성 : ❶ 시작하기 버튼을 클릭했을 때 ❷ ③~⑩을 계속 반복하기 ❸ '잠자리'쪽 바라보기 ❹ ⑤초 기다리기 ❺ '0.2'부터 '0.5' 사이의 무작위 수 ❻ 이동 방향으로 '100'만큼 움직이기 ❼ 만일 ❽ '잠자리'에 닿았는가? 이라면 ⑨,⑩ 실행 ❾ "잡았다!"를 말하기 ❿ 모든 코드 멈추기

TIP '잠자리'는 마우스 포인터 쪽으로 계속 이동하는 코드가 미리 추가되어 있어요.

CHAPTER 19 고양이 간식 주기

간식을 많이 먹은 고양이가 뚱냥이가 되었어요. 앞으로는 문제를 내서 정답을 맞히면 간식을 주려고 해요. 엔트리를 이용하여 문제를 내고 고양이가 맞히면 간식을 주세요.

학습목표

- 원하는 질문을 하고 답변(대답)을 받을 수 있습니다.
- 답변(대답) 결과를 이용하여 조건을 지정할 수 있습니다.
- 조건의 결과가 '참'일 때와 '거짓'일 때를 구분하여 블록을 실행할 수 있습니다.

실습 및 완성 파일 : [19차시] 폴더

작품 미리보기

'사람'이 '고양이'에게 질문을 하고 답변(대답)을 기다려요.

대답에 따른 조건 결과가 '참'이면 신호를 보내 간식을 주고, '거짓'이면 말을 해요.

오늘의 코딩블록

입력한 글을 묻고 대답을 기다려요. 답을 입력하면 대답 에 저장돼요.

조건에 따른 결과가 '참'이면 ~(이)라면 안쪽의 블록을 실행하고, '거짓'이면 아니면 안쪽의 블록을 실행해요.

고양이에게 질문하고 답변받기

01 파일 탐색기를 실행한 후 [19차시]–[실습] 폴더에서 **간식주기.ent** 파일을 더블클릭해요.

02 신호를 추가하기 위해 [속성] 탭의 [신호]에서 신호 추가하기 를 선택한 후 신호 이름을 **정답확인**으로 입력하고 **<신호 추가>**를 클릭해요.

03 **사람**을 선택하고 [블록] 탭에서 🚩의 시작하기 버튼을 클릭했을 때 를 블록 조립소로 드래그해요. 이어서, 💠의 안녕! 을(를) 4 초 동안 말하기 💠 를 연결한 후 말을 "**문제를 맞혀야 간식 줄 거야!**", 초를 2로 변경해요.

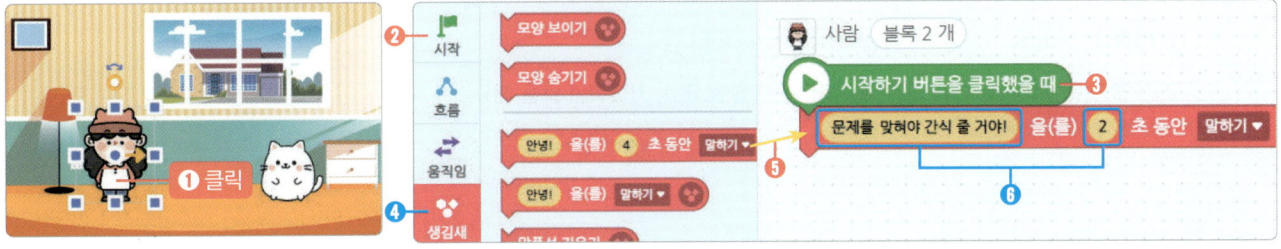

04 질문을 하기 위해 ❓의 안녕! 을(를) 묻고 대답 기다리기 ❓ 를 연결하고 질문을 "**누가 신발을 물어 뜯을까**"로 변경한 후 🔼의 만일 참 (이)라면 🔼 을 연결해요.

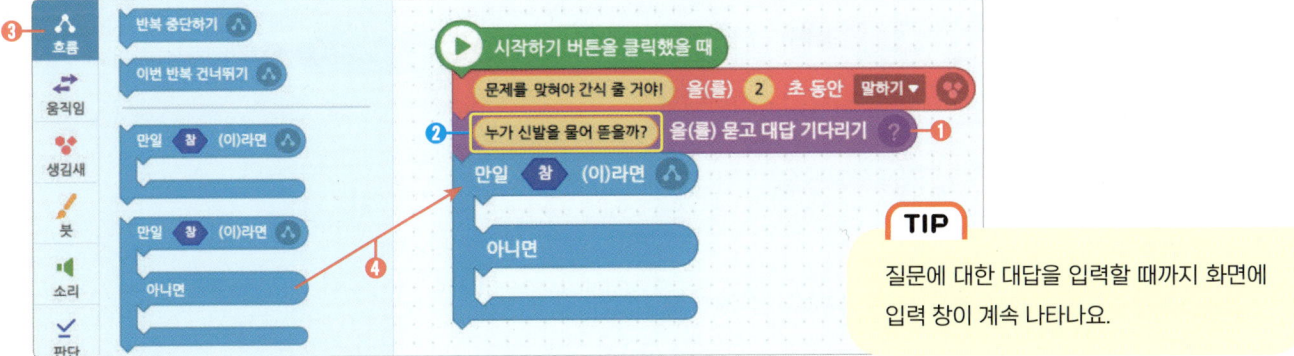

TIP

질문에 대한 대답을 입력할 때까지 화면에 입력 창이 계속 나타나요.

05 질문에 대한 대답을 판단하기 위해 판단 의 `10 = 10` 를 참에 끼워 넣고 오른쪽 값을 **"야옹"**으로 변경한 후 자료 의 대답 을 왼쪽 값에 끼워 넣어요.

TIP
대답 입력 창에 입력한 답변 내용이 "야옹"과 같은지 확인해요. 질문에 대한 답변 내용을 입력하면 대답 블록에 자동으로 저장돼요.

06 결과에 따라 블록을 실행하기 위해 시작 의 `정답확인 ▾ 신호 보내기` 를 '~이라면' 안쪽에 연결하고, 생김새 의 `안녕! 을(를) 말하기 ▾` 를 '아니면' 안쪽에 연결한 후 **"네가 그랬잖아~"**로 변경해요.

TIP
조건 결과(대답=야옹)가 '참'이면 정답확인 신호를 보내고, 거짓이면 말을 해요.

STEP 02 정답이면 고양이에게 간식 주기

01 간식을 선택하고 시작 의 `정답확인 ▾ 신호를 받았을 때` 를 블록 조립소로 드래그한 후 생김새 의 `모양 보이기` 를 연결해요.

TIP
'간식'은 숨겨져 있기 때문에 오브젝트 목록에서 선택해야 해요.

110

02 신호를 받으면 모양을 보였다가 숨기기 위해  의 **2 초 기다리기** 를 연결한 후 **모양 숨기기** 를 연결해요.

> **TIP**
>
> '정답확인' 신호를 받으면 간식을 2초 동안 화면에 보여줬다 숨겨요.

STEP 03 고양이가 간식을 받으면 생각하고 말하기

01 **고양이**를 선택하고 **시작**의 **정답확인 ▼ 신호를 받았을 때** 를 블록 조립소로 드래그해요.

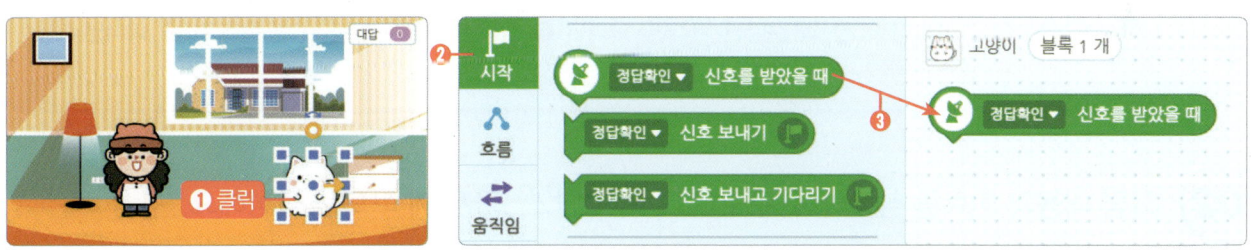

02 **생김새** 의 **안녕! 을(를) 4 초 동안 말하기 ▼** 를 연결하고 말을 **"간식이닷!"**, 초를 **2**, 말하기를 **생각하기**로 각각 변경해요.
이어서, **안녕! 을(를) 말하기 ▼** 를 연결하고 말을 **"난 야옹 밖에 못하는데 정답이다^^"**로 변경해요.

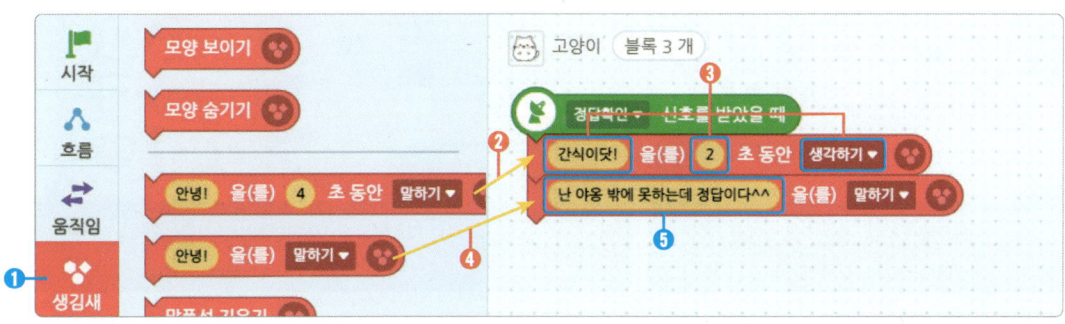

> **TIP**
>
> '정답확인' 신호를 받으면 '고양이'가 2초 동안 생각을 한 후 말을 해요.

03 코드 작업이 끝나면 **▶ 시작하기** 를 클릭하여 결과를 확인한 후 복사본으로 파일(홍길동_간식주기)을 저장해요.

코딩런
미션 해결하기

01 그림 내용과 힌트를 참고하여 '말'에 코드를 작성해요.

● 실습 및 완성 파일 : [19차시]-[실습]-빙고.ent

"0줄0칸"으로 대답해봐

빙고 게임을 이기기 위해 간단한 설명을 한 후
질문에 대한 답변을 기다려요.

와우! 잘했어!

입력한 답이 정답이면 잘했다고 말을 하고
틀린 답이면 틀렸다고 말을 해요.

✦ HINT ✦

1. '말' 코드 작성 : ❶ 시작하기 버튼을 클릭했을 때 ❷ 대답 '숨기기' ❸ "내가 놓을 차례야"를 '2'초 동안 말하기 ❹ "어디에 놓아야 이길까?"를 '2'초 동안 말하기 ❺ "'0줄0칸'으로 대답해봐'를 묻고 대답 기다리기 ❻ 만일 ❼ ❽ 대답이 "1줄2칸"과 같다면 이라면~아니면 ❾ 참이면 "와우! 잘했어!"를 말하기 ❿ 아니면 "틀렸어!"를 말하기

02 그림 내용과 힌트를 참고하여 '구구단1', '구구단2', '과자'에 코드를 작성해요.

● 실습 및 완성 파일 : [19차시]-[실습]-퀴즈.ent

정답을 입력해봐

간단히 게임 설명을 하고 신호를 보낸 후
질문에 대한 답변을 기다려요.

신호를 받으면 문제가 나타나고 답을 맞히면 정답을 말한 후
모양을 숨겨요. 단, 틀리면 계산을 잘하라고 말을 해요.

✦ HINT ✦

1. '문제' 신호 추가하기 : [속성] 탭의 [신호]에서 [신호 추가하기]
2. '구구단1', '구구단2' 코드 작성 : ❶ 문제 신호를 받았을 때 ❷ 모양 보이기
3. '과자' 코드 작성 : ❶ 시작하기 버튼을 클릭했을 때 ❷ "정답을 맞혀 하나씩 없애는 게임이야"를 '2'초 동안 말하기 ❸ '문제' 신호 보내기 ❹ "정답을 입력해봐"를 묻고 대답 기다리기 ❺ 만일 ❻ ❼ 대답이 "56"과 같다면 이라면~아니면 ❽ 참이면 "정답"을 '2'초 동안 말하기 ❾ 모양 숨기기 ❿ 아니면 "ㅠㅠ 잘 계산해야지"를 말하기

CHAPTER 20

고양이 자동 급식 장치

가족끼리 1박 2일 여행을 떠나는데 반려묘를 데려가지 못하게 되었어요. 사료를 많이 먹지 않게 하루에 한 번만 사료가 나오는 급식 장치를 엔트리로 만들어 주세요.

학습목표

- 변수의 값을 지정한 값으로 정할 수 있습니다.
- 현재 날짜와 시간 값을 구할 수 있습니다.
- 오브젝트를 클릭했을 때 조건에 맞을 때만 신호를 보낼 수 있습니다.

실습 및 완성 파일 : [20차시] 폴더

작품 미리보기

'고양이'를 클릭하면 로봇을 누르는 모양으로 바꾼 후 신호를 보내 먹이가 나타나고 다시 원래 모양으로 바꿔요.

하루에 한 번 먹이를 먹었다면 '고양이'를 다시 클릭해도 같은 날은 먹이가 나오지 않아요.

오늘의 코딩블록

현재 연도, 월, 일, 요일, 시간 등의 값을 나타내요.

입력한 값을 해당 변수의 값으로 정해요.

코딩 작업에 필요한 신호와 변수 만들기

01 파일 탐색기를 실행한 후 [20차시]-[실습] 폴더에서 **먹이주기.ent** 파일을 더블클릭해요.

02 신호를 추가하기 위해 [**속성**] 탭의 [**신호**]에서 신호 추가하기 를 선택한 후 신호 이름을 **먹이**로 입력하고 **<신호 추가>**를 클릭해요.

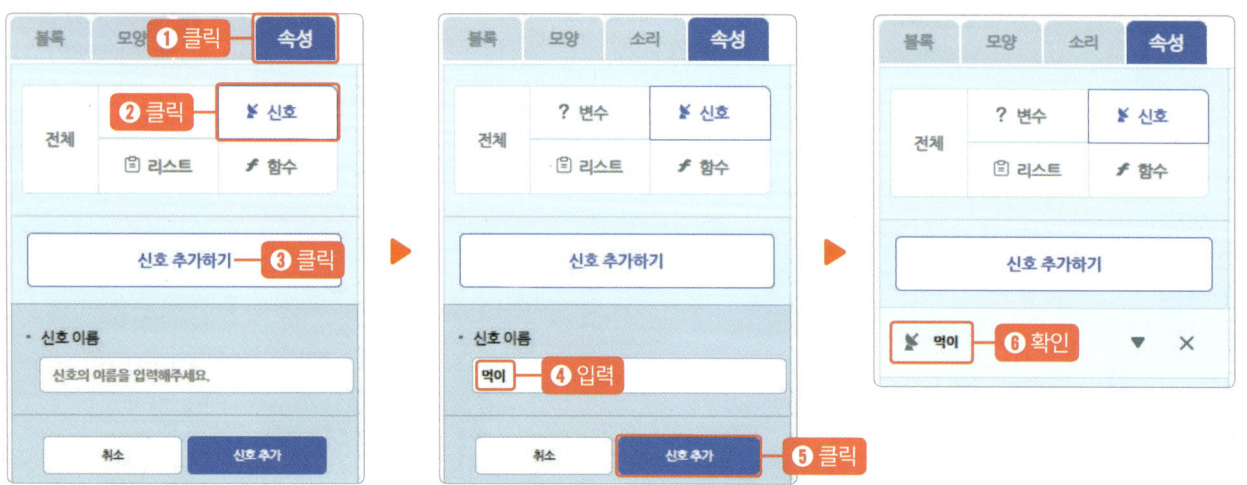

03 변수를 추가하기 위해 [**속성**] 탭의 [**변수**]에서 변수 추가하기 를 선택한 후 변수 이름을 **일**로 입력하고 **<변수 추가>**를 클릭해요.

04 변수가 추가되면 실행 화면에서 보이지 않게 ◉를 클릭한 후 코딩 작업을 위해 [**블록**] 탭을 클릭해요.

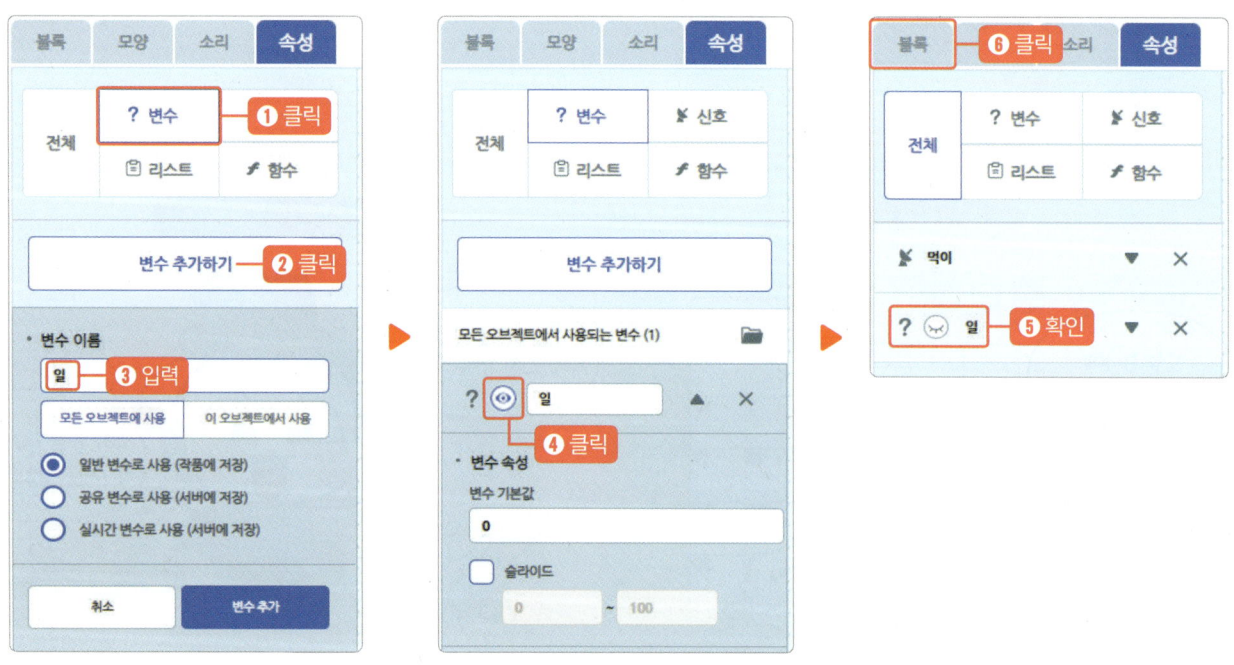

TIP

변수를 감추면 실행 화면에 변수값이 표시되지 않아요.

STEP 02 하루에 한번만 사료 주기

01 **고양이**를 선택하고 [시작]의 `오브젝트를 클릭했을 때`를 블록 조립소로 드래그한 후 [생김새]의 `고양이 ▼ 모양으로 바꾸기`를 연결하고 모양을 **고양이 버튼**으로 변경해요.

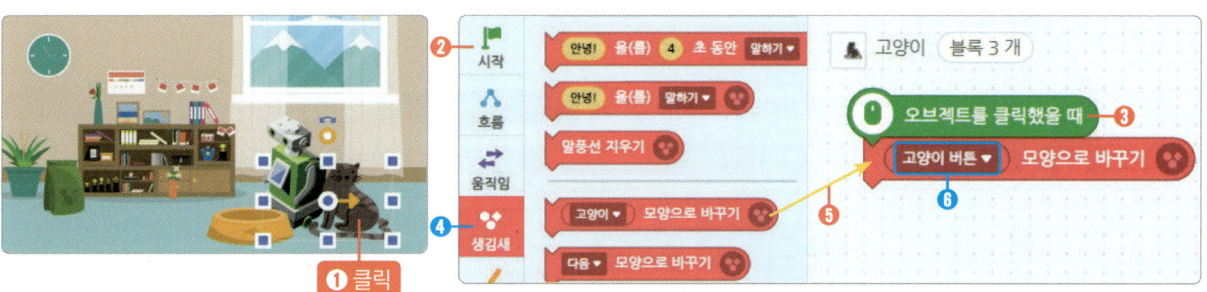

02 조건을 지정하기 위해 [흐름]의 `만일 참 (이)라면`을 연결한 후 [판단]의 `10 != 10`를 참에 끼워 넣어요.

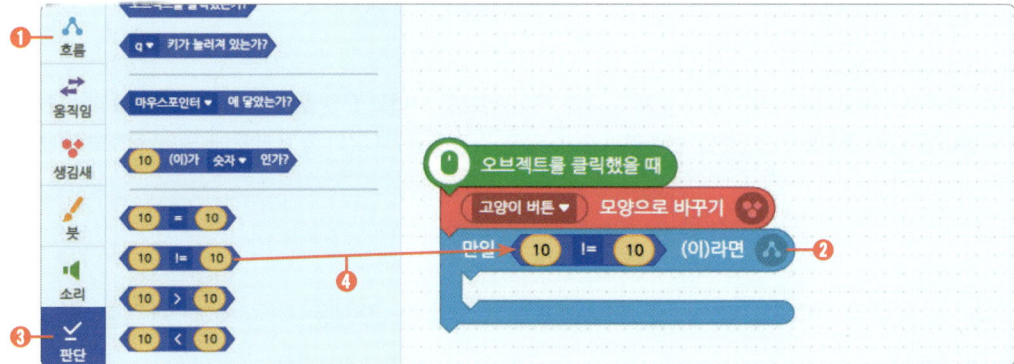

03 변수값과 현재 '일'이 다른지 판단하기 위해 왼쪽 값에 [자료]의 `일 ▼ 값`을 끼워 넣고 오른쪽 값에 [계산]의 `현재 연도 ▼`를 끼워 넣은 후 **일**로 변경해요.

04 변수값을 현재 '일'로 정하기 위해 ⟨?자료⟩ 의 ⟨일▼ 를 10 (으)로 정하기 ?⟩ 를 조건 블록 안쪽에 연결한 후 ⟨계산⟩ 의 ⟨현재 연도▼⟩ 를 값에 끼워 넣고 **일**로 변경해요.

05 조건에 맞으면 신호를 보내고 모양을 바꾸기 위해 ⟨시작⟩ 의 ⟨먹이▼ 신호 보내기 ⟩ 를 연결한 후 ⟨흐름⟩ 의 ⟨2 초 기다리기⟩ 를 연결하고 초를 **1**로 변경해요. 이어서, ⟨생김새⟩ 의 ⟨고양이▼ 모양으로 바꾸기 ⟩ 를 연결한 후 모양을 **고양이 먹기**로 변경해요.

> **TIP**
>
> '고양이'를 클릭했을 때 '일' 변수의 기본값(0)과 현재 '일'이 같지 않다면 '먹이' 신호를 보내고 모양을 바꿔요. 단, '일' 변수값을 현재 '일'로 정하였기 때문에 '고양이'를 다시 클릭해도 조건('일' 변수값과 현재 '일'의 값이 같음)에 맞기 않기 때문에 '먹이' 신호를 보내지 않아요.

06 조건에 맞지 않으면 기본 모양으로 바꾸기 위해 ⟨흐름⟩ 의 ⟨2 초 기다리기⟩ 를 조건문 바깥쪽에 연결한 후 ⟨생김새⟩ 의 ⟨고양이▼ 모양으로 바꾸기 ⟩ 를 연결해요.

01 먹이그릇을 선택하고 [시작]의 (먹이 ▼ 신호를 받았을 때)를 블록 조립소로 드래그한 후 [생김새]의 (먹이그릇 ▼ 모양으로 바꾸기)를 연결하고 모양을 **먹이그릇1**로 변경해요.

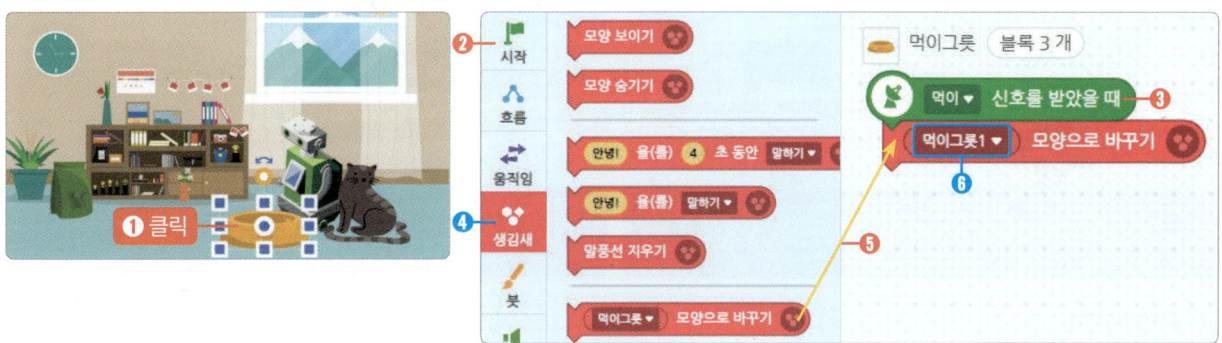

> **TIP**
>
> '먹이그릇'에는 사료가 가득 채워진 모양이 미리 추가되어 있어요.

02 기본 모양으로 바꾸기 위해 [흐름]의 (2 초 기다리기)를 연결하고 초를 **3**으로 변경한 후 [생김새]의 (먹이그릇 ▼ 모양으로 바꾸기)를 연결해요.

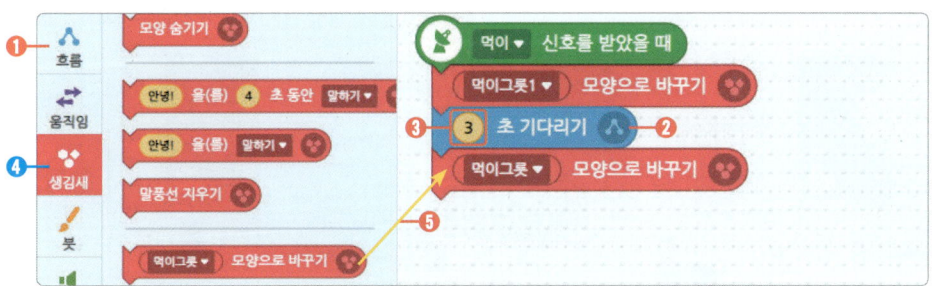

> **TIP**
>
> '먹이' 신호를 받으면 그릇에 사료가 나타났다가 3초 뒤에 사라져요.

03 코드 작업이 끝나면 ▶ 시작하기 를 클릭하여 결과를 확인한 후 복사본으로 파일(홍길동_먹이주기)을 저장해요.

미션 해결하기

01 그림 내용과 힌트를 참고하여 '글상자'에 코드를 작성해요.

● 실습 및 완성 파일 : [20차시]-[실습]-첫눈.ent

와~! 첫눈이다!

T와 F를 말하고 F인 사람이 첫눈이 온다고 말해요.

11월24일 첫눈이 왔다

'글상자'에 오늘 날짜와 함께 첫눈이 왔다고 표시돼요.
단, 날짜는 오늘 날짜 기준이기 때문에 매번 바뀌어요.

◆HINT◆

1. '글상자' 코드 작성 : ❶ 시작하기 버튼을 클릭했을 때 ❷ ○라고 글쓰기 ❸ '6'초 기다리기 ❹ ⑤라고 글쓰기 ❺ 현재 '월' ❻ "월"라고 뒤에 이어쓰기 ❼ ⑧라고 뒤에 이어쓰기 ❽ 현재 '일' ❾ "일 첫눈이 왔다"라고 뒤에 이어쓰기

TIP '남자 캐릭터'와 '여자 캐릭터'에는 말하는 코드가 미리 추가되어 있어요.

02 그림 내용과 힌트를 참고하여 '시계'에 코드를 작성해요.

● 실습 및 완성 파일 : [20차시]-[실습]-전자시계.ent

알람시를 입력하세요.

'시'와 '분' 변수에 질문으로 입력받은 대답을 각각 저장해요.

일어나~

현재 컴퓨터 시간과 입력받은 '시'와 '분'의 변수값이 같으면
말을 하고 종소리를 재생해요.

◆HINT◆

1. '시'와 '분' 변수 추가 후 숨기기 : [속성] 탭의 [변수]에서 [변수 추가하기] → [☺ 시], [☺ 분]
2. '시계'에 '종소리' 소리를 추가한 후 코드 작성 : [소리] 탭에서 [소리 추가하기]-사물
   ❶ 시작하기 버튼을 클릭했을 때 ❷ "알람 '시'를 입력하세요. 예) 09"를 묻고 대답 기다리기 ❸ '시'를 ④로 정하기 ❹ 대답 ❺ "알람 '분'을 입력하세요. 예) 14"를 묻고 대답 기다리기 ❻ '분'을 ⑦로 정하기 ❼ 대답 ❽ ⑨~⑲을 계속 반복하기 ❾ 만일 ⑫ '시' 값 ⑬ 현재 '시각(시)' ⑪ 같고 ⑩ 그리고 ⑮ '분' 값 ⑯ 현재 '시각(분)' ⑭ 같다면 이라면 ⑰,⑱ 실행 ⑰ "일어나"를 말하기 ⑱ 소리 '종소리' 재생하기 ⑲ '1'초 기다리기

TIP '시간' 글상자에는 시간이 표시되는 코드가 추가되어 있으며, ❾~⑯까지 블록 연결은 아래 그림을 참고해요.

만일 〈 〈 시▼ 값 = 현재 시각(시)▼ 〉 그리고▼ 〈 분▼ 값 = 현재 시각(분)▼ 〉 〉 (이)라면 ∧

CHAPTER 21

냥냥 펀치로 장난감 잡기

고양이가 너무 좋아하는 장난감 쥐를 소파 아래에 숨겨두었어요. 재빠르게 지나가는
장난감 쥐를 잡으려고 고양이가 팔을 뻗고 잡으면 좋아하는 장면을 엔트리로 만들어봐요.

학습목표

- 자신의 복제본을 만들 수 있습니다.
- 생성된 복제본이 고양이에 닿으면 모든 코드를 멈출 수 있습니다.
- 생성된 복제본이 벽에 닿으면 해당 복제본을 삭제할 수 있습니다.

실습 및 완성 파일 : [21차시] 폴더

작품 미리보기

'장난감' 방향을 임의의 방향으로 정하여 복제본을 만들고
생성된 복제본은 벽에 닿을 때까지 이동해요.

스페이스 키를 눌러 '고양이' 모양이 바뀌면서 '장난감'에 닿으면
모든 코드를 멈춰요.

오늘의 코딩블록

선택한 오브젝트의 복제본을
만들어요.

오브젝트의 복제본이 새로 만들어지면
아래에 연결된 블록을 실행해요.

오브젝트의 복제본을 삭제해요.

STEP 01 방향을 변경하여 장난감 복제하기

01 파일 탐색기를 실행한 후 [21차시]-[실습] 폴더에서 **장난감 잡기.ent** 파일을 더블클릭해요.

02 **장난감**을 선택하고 🏳의 ▶️ 시작하기 버튼을 클릭했을 때 를 블록 조립소로 드래그한 후 ❤️의 모양 숨기기 를 연결해요.

TIP

'고양이'에는 스페이스 키를 누르면 고양이가 잡는 모양으로 바뀌었다가 다시 원래 모양으로 바뀌는 코드가 미리 추가되어 있어요.

03 무한 반복을 위해 🔀의 계속 반복하기 를 연결한 후 2 초 기다리기 를 반복 블록 안쪽에 연결하고 초를 3으로 변경해요.

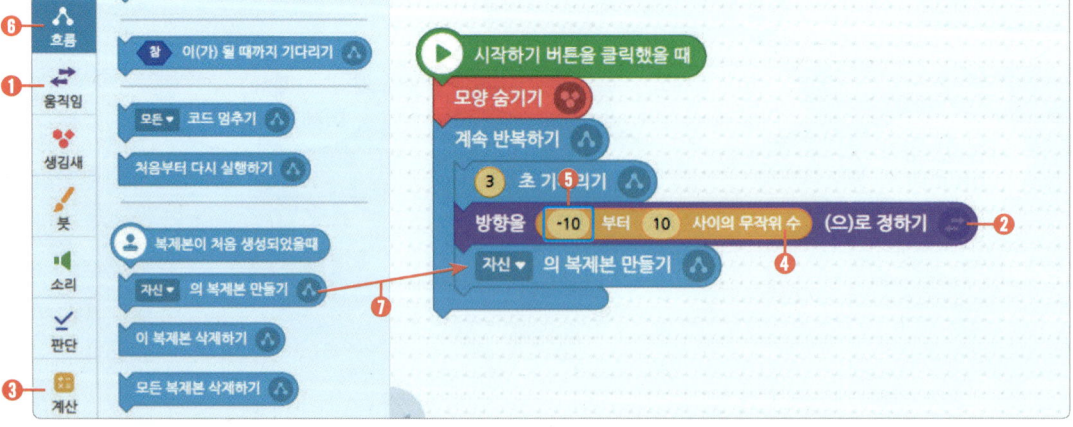

04 임의의 값으로 방향을 정하기 위해 🔀의 방향을 90° (으)로 정하기 를 연결한 후 🧮의 0 부터 10 사이의 무작위 수 를 각도에 끼워 넣고 값을 -10부터 10으로 변경해요. 이어서, 🔀의 자신▼ 의 복제본 만들기 를 연결해요.

TIP

장면이 시작되면 '장난감'의 방향을 -10부터 10 사이의 임의의 값으로 정한 후 자신의 복제본을 만들어요.

복제한 장난감을 벽에 닿을 때까지 이동시키기

01 장난감이 선택된 상태에서 복제본을 생성하기 위해 [호름]의 [복제본이 처음 생성되었을때]를 블록 조립소로 드래그한 후 [생김새]의 [모양 보이기]를 연결해요.

> **TIP**
>
> 장면이 시작되면 원본 '장난감'을 숨기기 때문에 복제본이 처음 생성될 때 실행 화면에 모양이 보여야 해요.

02 벽에 닿을 때까지 조건에 맞추어 반복하기 위해 [호름]의 [참 이 될 때까지 ▼ 반복하기]를 연결한 후 [판단]의 [마우스포인터 ▼ 에 닿았는가?]를 참에 끼워 넣고 대상을 **벽**으로 변경해요.

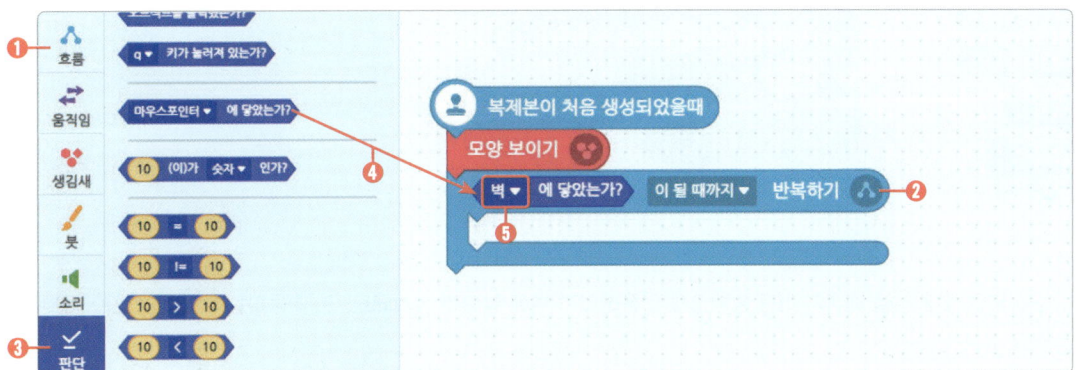

03 고양이에 닿았는지 확인하기 위해 [호름]의 [만일 참 (이)라면]을 반복 블록 안쪽에 연결한 후 [판단]의 [마우스포인터 ▼ 에 닿았는가?]를 참에 끼워 넣고 대상을 **고양이**로 변경해요.

> **TIP**
>
> '장남감'이 벽에 닿을 때까지 안쪽에
> 연결된 블록을 반복해서 실행해요

04 이동 중에 고양이에 닿으면 모든 코드를 멈추기 위해 🔵의 [모든▼ 코드 멈추기]를 조건 블록 안쪽에 연결하고 🔀의 [이동 방향으로 10 만큼 움직이기]를 반복 블록 안쪽에 연결해요.

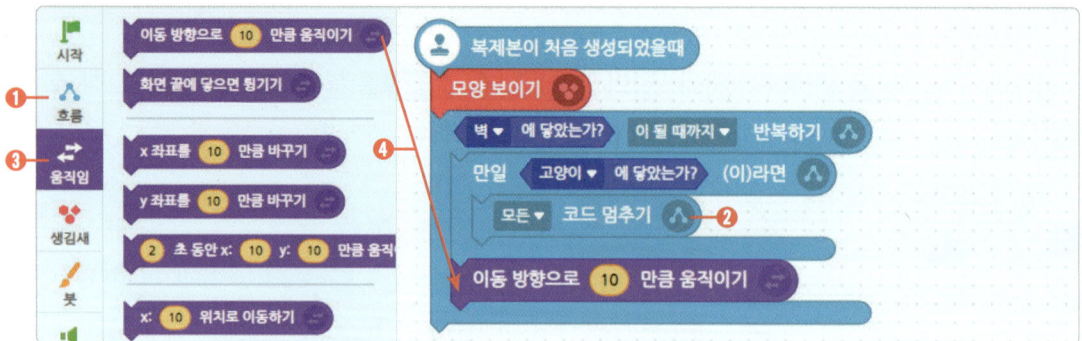

05 벽에 닿으면 복제본을 삭제하기 위해 🔵의 [2 초 기다리기]를 연결하고 초를 0.01로 변경한 후 [이 복제본 삭제하기]를 반복 블록 바깥쪽에 연결해요.

> **TIP**
>
> '장난감' 복제본이 생성되면 벽에 닿을 때까지 이동 방향으로 이동하다가 벽에 닿으면 삭제돼요. 단, 이동하는 도중에 '고양이'에 닿으면 모든 코드를 멈춰요.

06 코드 작업이 끝나면 [▶ 시작하기]를 클릭하여 결과를 확인한 후 복사본으로 파일(홍길동_장난감 잡기)을 저장해요.

미션 해결하기

01 그림 내용과 힌트를 참고하여 '물'에 코드를 작성해요.

● 실습 및 완성 파일 : [21차시]-[실습]-물총.ent

마우스를 클릭하면 '물'이 복제되어 이동 방향으로 이동해요.

아! 차가워

'물'이 '오른쪽 벽'에 닿으면 복제된 오브젝트가 삭제되고 '피하는 사람'에 닿으면 말을 해요.

◆HINT◆

1. '물' 코드 작성 : [코드1] → ❶ 마우스를 클릭했을 때 ❷ '자신'의 복제본 만들기 [코드2] → ❶ 복제본이 처음 생성되었을 때 ❷ 모양 보이기 ❸ ④가 될 때까지 ⑤~⑥ 반복하기 ❹ '오른쪽 벽'에 닿았는가? ❺ 이동 방향으로 '10'만큼 움직이기 ❻ '0.02'초 기다리기 ❼ 이 복제본 삭제하기

TIP '피하는 사람'에는 임의의 위치로 이동하고 '물'에 닿으면 말을 하는 코드가 미리 추가되어 있어요.

02 그림 내용과 힌트를 참고하여 '번개'에 코드를 작성해요.

● 실습 및 완성 파일 : [21차시]-[실습]-번개 피하기.ent

'번개'는 장면이 시작되면 임의의 위치로 이동하여 자신의 복제본을 만들어요.

복제된 '번개'는 아래쪽 벽에 닿을 때까지 이동한 후 삭제되며, '우산'에 닿으면 처음부터 다시 실행해요.

◆HINT◆

1. '번개' 코드 작성 : [코드1] → ❶ 시작하기 버튼을 클릭했을 때 ❷ 모양 숨기기 ❸ ④~⑦ 계속 반복하기 ❹ '1'초 기다리기 ❺ x: ⑥ 위치로 이동하기 ❻ '-180'부터 '180' 사이의 무작위 수 ❼ '자신'의 복제본 만들기 [코드2] → ❶ 복제본이 처음 생성되었을 때 ❷ 모양 보이기 ❸ ④가 될 때까지 ⑤~⑨ 반복하기 ❹ '아래쪽 벽'에 닿았는가? ❺ 만일 ❻ '우산'에 닿았는가? 이라면 ❼ 실행 ❼ 처음부터 다시 실행하기 ❽ 이동 방향으로 '10' 만큼 움직이기 ❾ '0.05'초 기다리기 ❿ 이 복제본 삭제하기

TIP '우산'에는 좌-우 방향키를 누르면 왼쪽과 오른쪽으로 이동하는 코드가 미리 추가되어 있어요.

CHAPTER 22
점프의 달인! 캣타워 오르기

집에 혼자 있는 고양이를 위해서 캣타워를 설치 했어요. 처음에는 겁이 나서 올라가지 않더니 이제는 매일 같이 올라가요. 엔트리로 캣타워를 올라가는 고양이 모습을 만들어봐요.

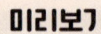
학습목표

- 오브젝트의 x와 y 좌푯값을 알 수 있습니다.
- 오브젝트를 좌우로 반전시킬 수 있습니다.
- 오브젝트를 다른 오브젝트의 x-y 좌푯값 위치로 이동시킬 수 있습니다.

실습 및 완성 파일 : [22차시] 폴더

작품 미리보기

오브젝트의 중심점을 변경하여 x-y 좌푯값을 변경하고, '고양이'가 모양을 바꿔 캣타워 발판을 한 칸씩 이동해요.

캣타워에 올라간 '고양이'를 좌우로 뒤집고 꼭대기까지 올라가면 아래로 뛰어내려요.

오늘의 코딩블록

선택한 오브젝트의 x 또는 y 좌표에 대한 정보 값이에요.

오브젝트의 모양을 좌우로 반전시켜요.

캣타워 첫 번째 발판으로 올라가기

01 파일 탐색기를 실행한 후 [22차시]-[실습] 폴더에서 **캣타워.ent** 파일을 더블클릭해요.

02 '집배경', '고양이', '발판1', '발판2' 오브젝트의 중심점을 마우스로 드래그하여 그림처럼 변경해요.

▲ '집배경'

▲ '고양이'

▲ '발판1'과 '발판2'

> **TIP**
>
> 중심점은 오브젝트 위치를 지정할 때 x-y 좌푯값의 기준이기 때문에 특정 오브젝트가 다른 오브젝트 x-y 위치로 이동하면 해당 오브젝트의 중심점 위치로 이동해요.

03 **고양이**를 선택하고 [시작]의 `시작하기 버튼을 클릭했을 때`를 블록 조립소로 드래그한 후 [흐름]의 `2 초 기다리기`를 연결하고 초를 1로 변경해요.

04 모양을 바꿔 지정된 위치로 이동하기 위해 [생김새]의 `고양이▼ 모양으로 바꾸기`를 연결하고 모양을 **고양이점프**로 바꾼 후 [움직임]의 `2 초 동안 x: 10 y: 10 위치로 이동하기`를 연결하고 초를 **0.2**로 변경해요.

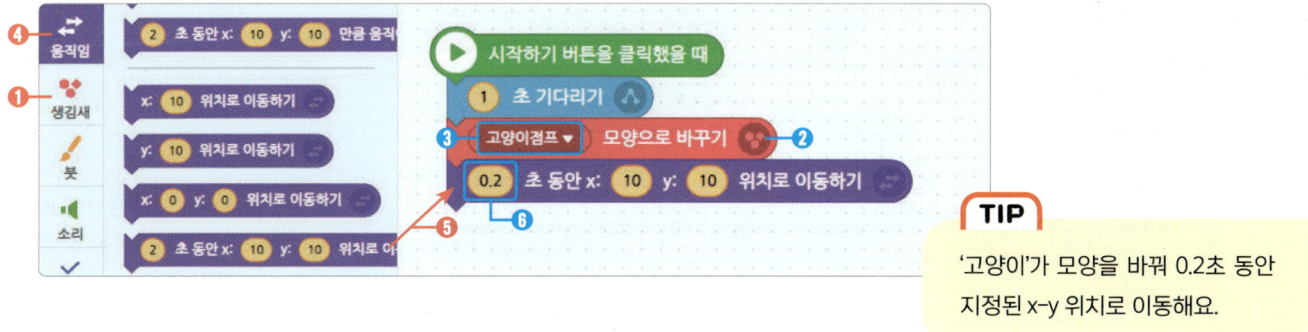

> **TIP**
>
> '고양이'가 모양을 바꿔 0.2초 동안 지정된 x-y 위치로 이동해요.

05 발판1 오브젝트 위치로 이동하기 위해 의 `고양이▼ 의 x좌푯값▼`을 x와 y 값에 각각 끼워 넣고 대상을 **발판1**의 **x좌 푯값**과 **발판1**의 **y좌푯값**으로 변경해요.

붓	`고양이▼ 의 x좌푯값▼`		
	`10 / 10 의 몫▼`	▶ 시작하기 버튼을 클릭했을 때	③
소리	`10 의 제곱▼`	1 초 기다리기 ⌃	
판단	`초시계 값`	`고양이점프▼` 모양으로 바꾸기 ⚙	
① 계산	`초시계 시작하기▼ ▦`	0.2 초 동안 x: `발판1▼ 의 x좌푯값▼` y: `발판1▼ 의 y좌푯값` 위치로 이동하기	
?	`초시계 숨기기▼ ▦`	④ ⑤	

06 모양을 바꾸고 좌우로 뒤집기 위해 의 `고양이▼ 모양으로 바꾸기 ⚙`를 연결한 후 `좌우 모양 뒤집기 ⚙`를 연결해요.

움직임	`안녕! 을(를) 말하기▼ ⚙`		
① 생김새	`말풍선 지우기 ⚙`	▶ 시작하기 버튼을 클릭했을 때	
붓	`고양이▼ 모양으로 바꾸기 ⚙`	1 초 기다리기 ⌃	
소리	`다음▼ 모양으로 바꾸기 ⚙`	`고양이점프▼` 모양으로 바꾸기 ⚙	
판단	`색깔▼ 효과를 10 만큼 주기 ⚙`	0.2 초 동안 x: `발판1▼ 의 x좌푯값▼` y: `발판1▼ 의 y좌푯값▼` 위치로 이동하기	
		`고양이▼ 모양으로 바꾸기 ⚙` ②	
		`좌우 모양 뒤집기 ⚙` ③	

> **TIP**
> '고양이'가 모양을 바꿔 '발판1'의 x-y 좌푯값 위치(중심점)로 이동한 후 기본 모양으로 바꾸고 좌우 모양을 뒤집어요.

STEP 02 캣타워 꼭대기까지 올라간 후 바닥으로 점프하기

01 코드를 복사하기 위해 **[1초 기다리기]** 블록 위에서 마우스 오른쪽 버튼을 눌러 **[코드 복사 & 붙여넣기]**를 클릭해요.

02 코드가 복사되면 아래쪽에 연결하여 `좌우 모양 뒤집기 ⚙`를 삭제한 후 x-y 좌푯값 대상을 **발판2**로 변경해요.

▶ 시작하기 버튼을 클릭했을 때
1 초 기다리기 ⌃ ─── ① 코드 복사
`고양이점프▼` 모양으로 바꾸기 ⚙
0.2 초 동안 x: `발판1▼ 의 x좌푯값▼` y: `발판1▼ 의 y좌푯값` 위치로 이동하기
`고양이▼` 모양으로 바꾸기 ⚙
좌우 모양 뒤집기 ⚙
─── ② 연결 후 수정
1 초 기다리기 ⌃
`고양이점프▼` 모양으로 바꾸기 ⚙
0.2 초 동안 x: `발판2▼ 의 x좌푯값▼` y: `발판2▼ 의 y좌푯값` 위치로 이동하기
`고양이▼` 모양으로 바꾸기 ⚙

> **TIP**
> '고양이'가 '발판1'에서 모양을 바꿔 '발판2'의 x-y 좌푯값 위치(중심점) 로 이동해요.

03 다시 코드를 복사하기 위해 [1초 기다리기] 블록 위에서 마우스 오른쪽 버튼을 눌러 [코드 복사 & 붙여넣기]를 클릭해요.

04 코드가 복사되면 아래쪽에 연결한 후 초를 0.5, x-y 좌푯값 대상을 **집배경**으로 변경해요.

```
▶ 시작하기 버튼을 클릭했을 때
  1 초 기다리기
  고양이점프 ▼  모양으로 바꾸기
  0.2 초 동안 x:  발판1 ▼  의  x 좌푯값 ▼   y:  발판1 ▼  의  y 좌푯값 ▼   위치로 이동하기
  고양이 ▼  모양으로 바꾸기
  좌우 모양 뒤집기
  1 초 기다리기 ────── ❶ 코드 복사
  고양이점프 ▼  모양으로 바꾸기
  0.2 초 동안 x:  발판2 ▼  의  x 좌푯값 ▼   y:  발판2 ▼  의  y 좌푯값 ▼   위치로 이동하기
  고양이 ▼  모양으로 바꾸기
  1 초 기다리기
  고양이점프 ▼  모양으로 바꾸기              ❷ 연결 후 수정
  0.5 초 동안 x:  집배경 ▼  의  x 좌푯값 ▼   y:  집배경 ▼  의  y 좌푯값 ▼   위치로 이동하기
  고양이 ▼  모양으로 바꾸기
```

> **TIP**
>
> '고양이'가 '발판2'에서 모양을 바꿔 '집배경'의 x-y 좌푯값 위치(중심점)로 이동해요.

05 코드 작업이 끝나면 ▶ 시작하기 를 클릭하여 결과를 확인한 후 복사본으로 파일(홍길동_캣타워)을 저장해요.

01 그림 내용과 힌트를 참고하여 '킹콩1'에 코드를 작성해요.

● 실습 및 완성 파일 : [22차시]-[실습]-킹콩.ent

'킹콩1'이 모양을 바꿔 앞쪽 건물의 x-y 좌푯값 위치로 이동해요.

'킹콩1'이 모양을 바꿔 마지막 건물의 x-y 좌푯값 위치로 이동해요.

◆HINT◆

1. 중심점 위치 변경 : '킹콩1'-맨 아래쪽(발), '건물2~건물4'-건물 맨 위쪽(꼭대기)
2. '킹콩1' 코드 작성 : ❶ 시작하기 버튼을 클릭했을 때 ❷ '1'초 기다리기 ❸ '킹콩2' 모양으로 바꾸기 ❹ '0.5'초 동안 x: ❺ y:❻ 위치로 이동하기 ❺ '건물2'의 'x좌푯값' ❻ '건물2'의 'y좌푯값' ❼ '킹콩1' 모양으로 바꾸기 ❽ ❷~❼ 블록을 2번 복사하여 연결한 후 x-y 좌푯값 대상을 '건물3'과 '건물4'로 변경

02 그림 내용과 힌트를 참고하여 '주자'와 '야구공'에 코드를 작성해요.

● 실습 및 완성 파일 : [22차시]-[실습]-야구.ent

'포수'를 홈에 위치시킨 후 클릭하면 '주자'와 '야구공'이 홈 위치로 이동해요.

'야구공'이 '포수'에 닿으면 '아웃' 그렇지 않으면 '실책'을 말해요.

◆HINT◆

1. '주자' 코드 작성 : ❶ 마우스를 클릭했을 때 ❷ '1.5'초 동안 x: ❸ y: ❹ 위치로 이동하기 ❸ '야구장'의 'x좌푯값' ❹ '야구장'의 'y좌푯값' ❺ 모양 숨기기
2. '야구공' 코드 작성 : ❶ 마우스를 클릭했을 때 ❷ 모양 보이기 ❸ '1'초 동안 x: ❹ y: ❺ 위치로 이동하기 ❹ '야구장'의 'x좌푯값' ❺ '야구장'의 'y좌푯값' ❻ 만일 ❼ '포수'에 닿았는가? 이라면_아니면 ❽ 참이면 "아웃"을 말하기 ❾ 거짓이면 "실책"을 말하기

TIP '포수'는 마우스 포인터를 따라다니는 코드가 미리 추가되어 있으며, '야구공'은 화면에 보이지 않게 숨겨져 있기 때문에 오브젝트 목록에서 선택해야 해요.

CHAPTER 23

상어를 피해 도망 다니는 거북이

가족과 함께 낚시를 하기 위해 배를 타고 이동하는데 작은 거북이가 상어에 쫓기고 있는 거예요. 엔트리를 이용하여 힘이 빠진 거북이를 구해 집으로 데려와주세요.

학습목표

- 변수에 슬라이드 값을 지정할 수 있습니다.
- 마우스 포인터의 x-y 좌푯값 위치로 오브젝트를 이동시킬 수 있습니다.
- 특정 오브젝트의 x-y 좌푯값 위치로 오브젝트를 이동시킬 수 있습니다.

실습 및 완성 파일 : [23차시] 폴더

작품 미리보기

'속도' 슬라이드 변수값에 맞추어 '거북이'는 마우스 포인터를 따라다니고, '상어'는 '거북이' 위치로 계속 이동해요.

'거북이'가 '상어'에 닿으면 말을 하고 모든 코드를 멈춰요.

오늘의 코딩블록

마우스 포인터의 x 또는 y 좌푯값을 나타내요.

더하기, 빼기, 곱하기, 나누기에 대한 결과값이에요.

STEP 01 코딩 작업에 필요한 슬라이드 변수 만들기

01 파일 탐색기를 실행한 후 [23차시]-[실습] 폴더에서 **상어피하기.ent** 파일을 더블클릭해요.

02 변수를 추가하기 위해 [속성] 탭의 [변수]에서 변수 추가하기 를 선택한 후 변수 이름을 **속도**로 입력하고 **<변수 추가>**를 클릭해요.

03 변수가 추가되면 슬라이드 변수로 만들기 위해 **슬라이드**를 체크하고 값을 **1~5**로 변경해요.

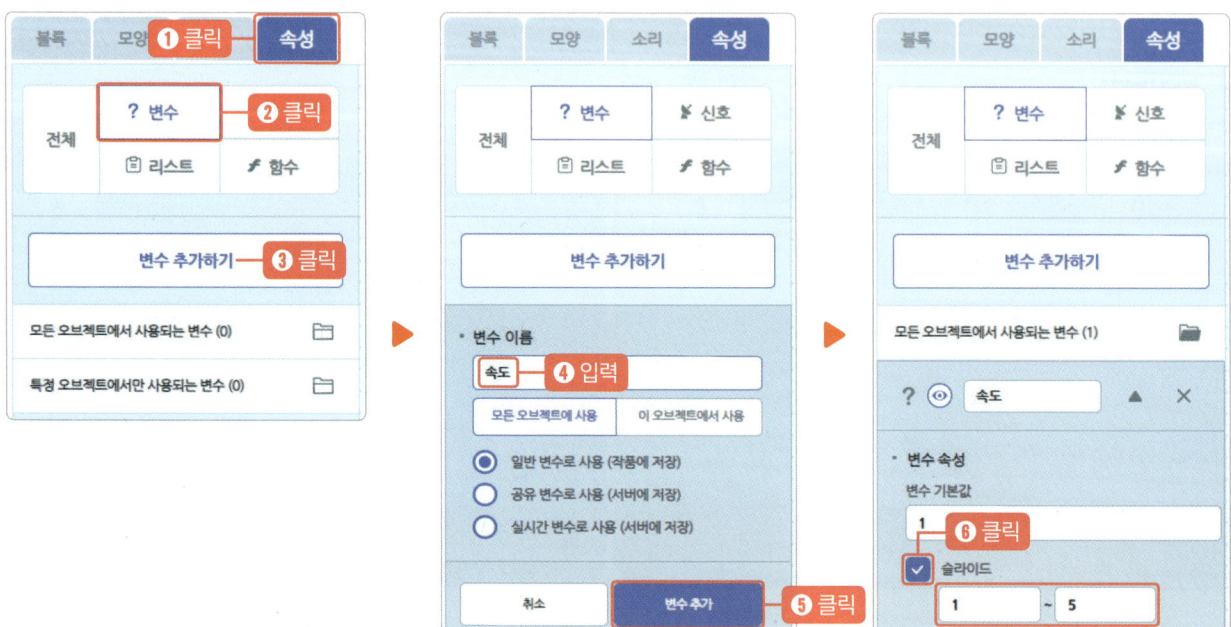

TIP

<시작하기>를 클릭한 후 실행 화면에 표시된 '속도' 변수의 슬라이드 바를 드래그하면 변수값을 변경할 수 있어요.

STEP 02 마우스를 쫓아다니는 거북이

01 **거북이**를 선택하고 [블록] 탭에서 시작 의 시작하기 버튼을 클릭했을 때 를 블록 조립소로 드래그한 후 흐름 의 2 초 기다리기 를 연결하고 초를 3으로 변경해요.

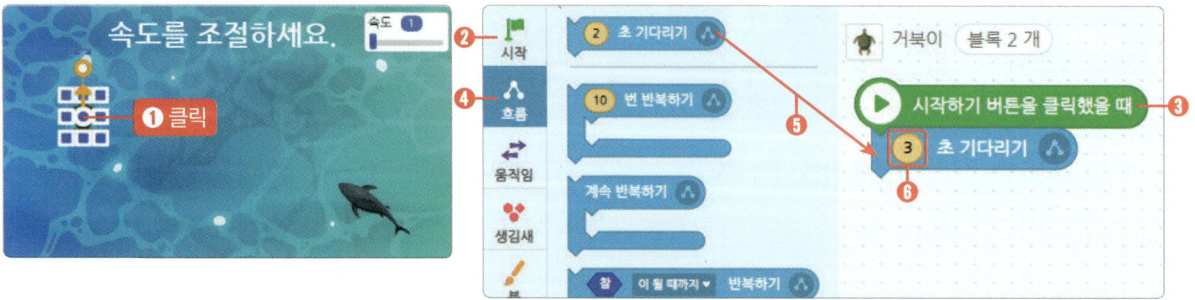

02 상어에 닿았는지 확인하기 위해 [호름]의 [계속 반복하기]를 연결한 후 [만일 참 (이)라면]을 반복 블록 안쪽에 연결해요. 이어서, [판단]의 [마우스포인터 ▼ 에 닿았는가?]를 참에 끼워 넣은 후 대상을 **상어**로 변경해요.

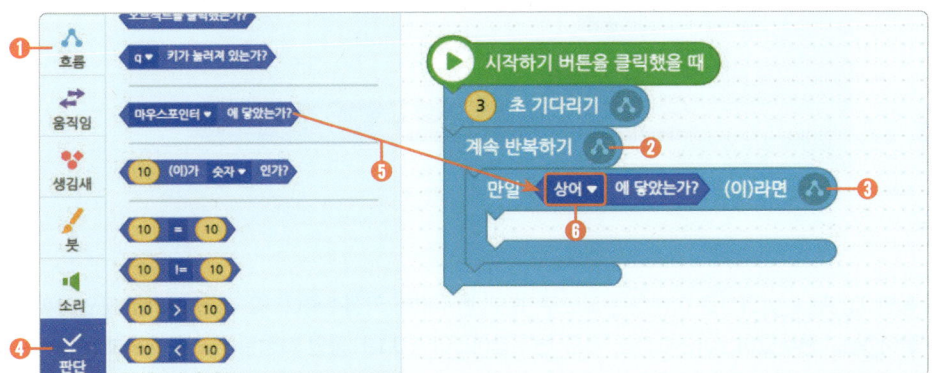

03 상어에 닿으면 말을 하고 모든 코드를 멈추기 위해 [생김새]의 [안녕! 을(를) 말하기]를 조건 블록 안쪽에 연결하고 말을 **"잡혔다"**로 변경한 후 [호름]의 [모든 ▼ 코드 멈추기]를 연결해요.

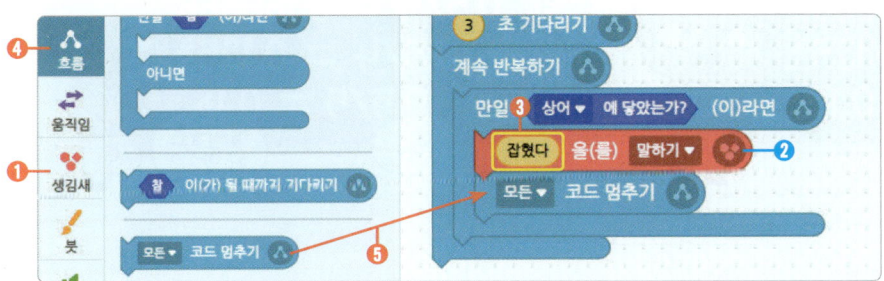

> **TIP**
>
> '거북이'가 '상어'에 닿으면 말을 하고 모든 코드를 멈춰요.

04 거북이가 마우스 포인터를 계속 따라다니도록 [움직임]의 [속도를 조절하세요. ▼ 쪽 바라보기]를 반복 블록 안쪽에 연결하고 대상을 **마우스포인터**로 변경한 후 [2 초 동안 x: 10 y: 10 위치로 이동하기]를 연결해요.

05 속도 변수값을 시간(초)으로 지정하기 위해 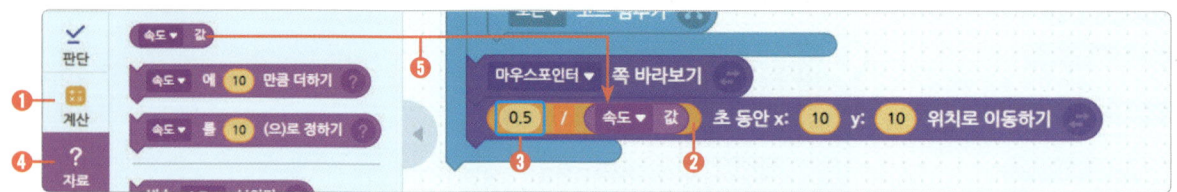 계산의 `10 / 10` 을 초에 끼워 넣고 분자를 0.5로 변경한 후 분모에 자료의 `속도▼ 값` 을 끼워 넣어요.

TIP

0.5를 '속도' 변수값으로 나눈 값 동안 지정된 x-y 위치로 이동하는 코드로 '속도' 변수값이 커질수록(1→2→3...) 마우스 포인터까지 이동하는 시간이 짧아져요. 예를 들어 '속도' 변수값이 1이면 0.5초, '속도' 변수값이 5이면 0.1초 동안 지정된 위치로 이동해요.

06 거북이를 마우스 포인터 x-y 좌표 위치로 이동시키기 위해 계산의 `마우스 x▼ 좌표` 를 x와 y 값에 각각 끼워 넣고 y:의 마우스 좌표를 y로 변경한 후 흐름의 `2 초 기다리기` 를 연결하고 초를 0.1로 변경해요.

132

거북이를 쫓아다니는 상어

01 상어를 선택하고 시작 의 ▶ 시작하기 버튼을 클릭했을 때 를 블록 조립소로 드래그한 후 흐름 의 ② 초 기다리기 를 연결하고 초를 3으로 변경해요.

02 거북이 위치로 계속 이동시키기 위해 흐름 의 계속 반복하기 를 연결한 후 움직임 의 속도를 조절하세요. ▼ 쪽 바라보기 와 ② 초 동안 x: ⑩ y: ⑩ 위치로 이동하기 를 반복 블록 안쪽에 연결해요. 이어서, 대상을 **거북이**, 초를 **1**로 변경해요.

03 계산 의 속도를 조절하세요. ▼ 의 x 좌푯값 ▼ 을 x와 y 값에 각각 끼워 넣고 x는 **거북이의 x좌푯값**, y는 **거북이의 y좌푯값**으로 변경한 후 흐름 의 ② 초 기다리기 를 연결하고 초를 0.01로 변경해요.

> **TIP**
>
> '상어'가 '거북이' 쪽을 바라보고 1초 동안 '거북이'의 x-y 좌표 위치로 이동해요.

04 코드 작업이 끝나면 ▶ 시작하기 를 클릭하여 결과를 확인한 후 복사본으로 파일(홍길동_상어피하기)을 저장해요.

01 그림 내용과 힌트를 참고하여 '충전1', '날개~날개3'에 코드를 작성해요.

● 실습 및 완성 파일 : [23차시]-[실습]-풍력발전기.ent

장면이 시작되면 풍력발전기의 날개가 천천히 돌아가고
배터리가 느린 속도로 충전돼요.

'바람' 변수값을 드래그하여 조절하면 풍력발전기의 날개가
빠르게 돌아가고 충전 속도도 올라가요.

✦ HINT ✦

1. '바람' 슬라이드 변수 만들기 : [속성] 탭의 [변수]에서 ⬚변수 추가하기⬚ , 슬라이드(1~10)
2. '충전1' 코드 작성 : ❶ 시작하기 버튼을 클릭했을 때 ❷ ③~⑥을 계속 반복하기 ❸ ④~⑤초 기다리기 ❹ '5' / ❺ ❺ '바람' 값 ❻ '다음' 모양으로 바꾸기
3. '날개'~'날개3' 코드 작성 : ❶ 시작하기 버튼을 클릭했을 때 ❷ ③~⑥을 계속 반복하기 ❸ 방향을 ④~⑤ 만큼 회전하기 ❹ ⑤*0.5 ❺ '바람' 값 ❻ 0.01초 기다리기

02 그림 내용과 힌트를 참고하여 '자동차1'에 코드를 작성해요.

● 실습 및 완성 파일 : [23차시]-[실습]-자동차 피하기.ent

'속도' 변수값을 드래그하여 '경찰차'가 이동하는 속도를
조절해요.

사고났네ㅠㅠ

'자동차'는 마우스포인터를 쫓아다니고 '경찰차'와 닿으면
말을 한 후 모든 코드를 멈춰요.

✦ HINT ✦

1. '자동차' 코드 작성 : ❶ 시작하기 버튼을 클릭했을 때 ❷ ③~⑧을 계속 반복하기 ❸ x: ④ 위치로 이동하기 ❹ 마우스 x 좌푯값 ❺ 만일 ❻ '경찰차'에 닿았는가? 이라면 ⑦,⑧ 실행 ❼ "사고났네ㅠㅠ"를 말하기 ❽ '모든' 코드 멈추기

TIP '경찰차'는 마우스 x좌표 위치로 아래쪽 벽에 닿을 때까지 '속도' 변수값만큼 이동하는 코드가 미리 추가되어 있어요.

CHAPTER 24

토끼와 거북이

상어에게 쫓기던 거북이를 집으로 데려오는 길에 차 안에서 깜빡 잠이 들었는데 갑자기 토끼가 나타나 거북이와 경주를 하자고 제안했어요. 꿈인지 현실인지 헷갈리지만 엔트리를 이용하여 토끼와 거북이가 경주를 할 수 있도록 만들어봐요.

학습목표

- 리스트를 만들어 항목에 값을 저장할 수 있습니다.
- 리스트의 항목을 불러와 해당 내용으로 말을 할 수 있습니다.
- 리스트를 이용하여 토끼와 거북이가 경주하는 모습을 만들 수 있습니다.

실습 및 완성 파일 : [24차시] 폴더

작품 미리보기

‘이야기’ 리스트를 만들어 항목에 대사 내용을 입력하고 ‘토끼’가 리스트의 항목을 불러와 해당 내용으로 말을 해요.

리스트의 항목을 불러와 해당 내용으로 말을 하고 경주에서 이기는 장면을 만들어요.

오늘의 코딩블록

선택한 리스트에서 입력한 항목의 값이에요.

입력한 값을 선택한 리스트에 입력한 순서의 항목으로 추가해요.

코딩 작업에 필요한 리스트 만들기

01 파일 탐색기를 실행한 후 [24차시]-[실습] 폴더에서 **토끼와거북이.ent** 파일을 더블클릭해요.

02 리스트를 추가하기 위해 [**속성**] 탭의 [**리스트**]에서 [리스트 추가하기] 를 선택한 후 리스트 이름을 **이야기**로 입력하고 <**리스트 추가**>를 클릭해요.

03 리스트가 추가되면 리스트 항목 수를 6으로 지정하고 항목별로 기본값을 입력한 후 실행 화면에서 보이지 않게 **리스트 감추기(◉)**를 클릭해요.

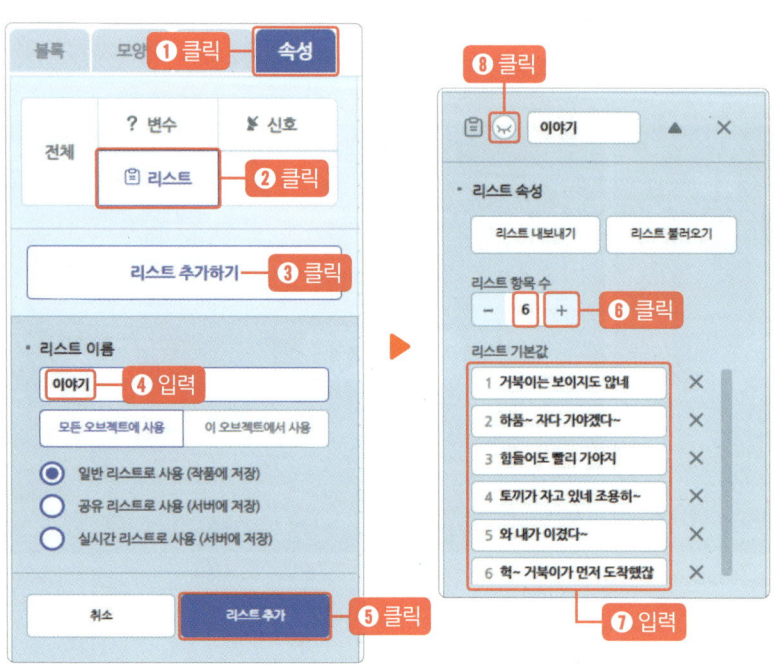

· 리스트 내용 ·

1. 거북이는 보이지도 않네
2. 하품~ 자다 가야겠다~
3. 힘들어도 빨리 가야지
4. 토끼가 자고 있네 조용히~
5. 와 내가 이겼다~
6. 헉~ 거북이가 먼저 도착했잖아

TIP 리스트가 뭔가요?

리스트는 변수처럼 '숫자' 또는 '글자'를 저장하는 공간이지만 변수와는 다르게 필요한 변수를 항목별로 구분하여 여러 개를 저장할 수 있어요.

토끼가 리스트 항목을 이용하여 말하기

01 토끼를 선택하고 [블록] 탭에서 시작 의 ▶ 시작하기 버튼을 클릭했을 때 를 블록 조립소로 드래그한 후 생김새 의 안녕! 을(를) 4 초 동안 말하기▼ 를 연결하고 초를 2로 변경해요.

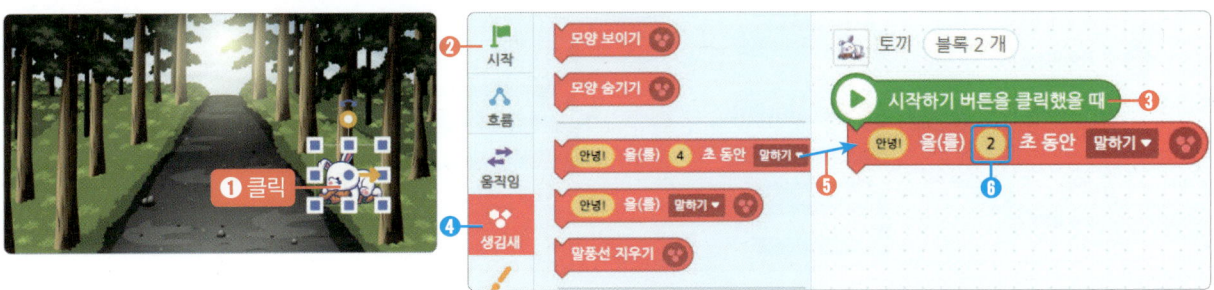

02 이야기 리스트 항목을 이용하여 말하기 위해 자료 의 이야기▼ 의 1 번째 항목 을 말하기 내용에 끼워 넣어요.

03 [('이야기'의 1번째 항목)을 2초 동안 말하기] 블록 위에서 마우스 오른쪽 버튼을 눌러 [코드 복사 & 붙여넣기]를 2번 작업하여 아래쪽에 연결한 후 리스트 항목 순서를 2와 6으로 변경해요.

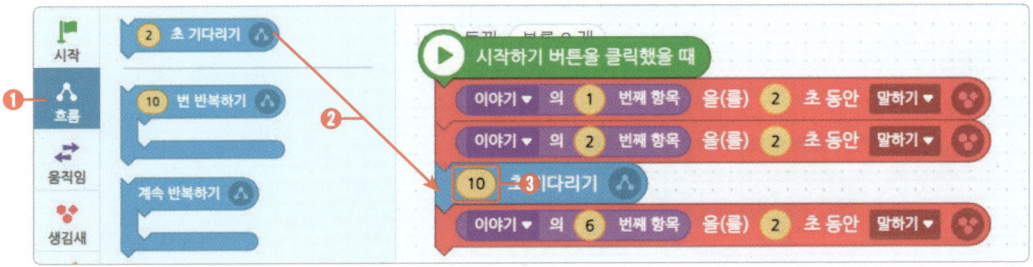

04 대사 중간에 거북이가 말하는 시간을 기다리기 위해 호름 의 2 초 기다리기 를 2번째 말하기 블록 아래에 연결한 후 초를 10으로 변경해요.

TIP

'토끼'가 '이야기' 리스트에서 항목별(1~6)로 기본값 내용을 가져와 2초 동안 말을 해요. 말하기 중간에 10초를 기다리는 이유는 '토끼'가 말을 한 후 '거북이'가 말하는 시간을 기다리기 위해서예요.

거북이가 리스트 항목을 이용하여 말을 하고 지정된 위치로 이동하기

01 거북이를 선택하고 [시작]의 ▶ 시작하기 버튼을 클릭했을 때 를 블록 조립소로 드래그한 후 [흐름]의 ② 초 기다리기 ⋀ 를 연결하고 초를 4로 변경해요.

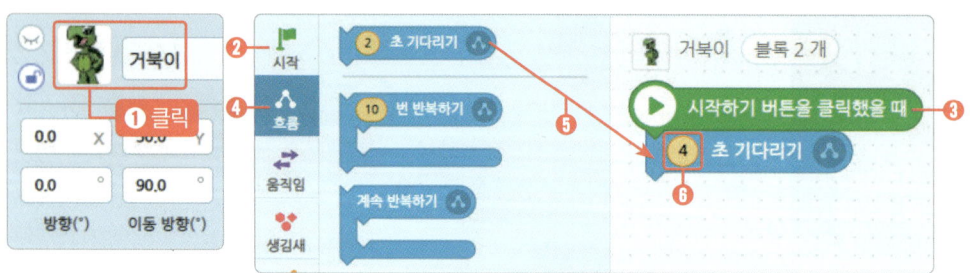

> **TIP**
> '거북이'는 실행 화면에 숨겨져 있기 때문에 오브젝트 목록에서 선택해야 해요.

02 실행 화면에 모양이 보이고 말을 하기 위해 [생김새]의 모양 보이기 와 안녕! 을(를) 4 초 동안 말하기▼ 를 연결한 후 초를 2로 변경해요.

03 이야기 리스트 항목을 이용하여 말하기 위해 [자료]의 이야기▼ 의 1 번째 항목 을 말하기 내용에 끼워 넣고 항목 순서를 3으로 변경해요. 어어서, [움직임]의 ② 초 동안 x: 10 y: 10 위치로 이동하기 를 연결한 후 x: 0, y: −40으로 변경해요.

> **TIP**
> '거북이'가 '이야기' 리스트에서 항목별(1~6)로 기본값 내용을 가져와 말을 한 후 2초 동안 지정된 x-y 위치로 이동해요.

04 실행 화면 아래쪽으로 위치가 변경되면 거북이 크기를 10만큼 확대하기 위해 [생김새]의 [크기를 10 만큼 바꾸기]를 연결해요.

05 [('이야기'의 3번째 항목)을 2초 동안 말하기] 블록 위에서 마우스 오른쪽 버튼을 눌러 [코드 복사 & 붙여넣기]를 클릭하여 아래쪽에 연결한 후 리스트 항목 순서를 4, y 값을 −120으로 변경해요.

06 [('이야기'의 4번째 항목)을 2초 동안 말하기] 블록 위에서 마우스 오른쪽 버튼을 눌러 [코드 복사 & 붙여넣기]를 클릭하여 아래쪽에 연결한 후 리스트 항목 순서를 5로 변경해요.

07 아래쪽에 연결된 블록([2 초 동안 x: 0 y: -120 위치로 이동하기], [크기를 10 만큼 바꾸기])은 휴지통으로 드래그하여 삭제해요.

08 코드 작업이 끝나면 [▶ 시작하기]를 클릭하여 결과를 확인한 후 복사본으로 파일(홍길동_토끼와거북이)을 저장해요.

01 엔트리를 실행하여 코딩에 필요한 오브젝트를 추가한 후 속성을 변경해요.

● 실습 및 완성 파일 : 없음

엔트리를 실행한 후 배경, 소녀, 선생님, 글상자 오브젝트를 추가해요.

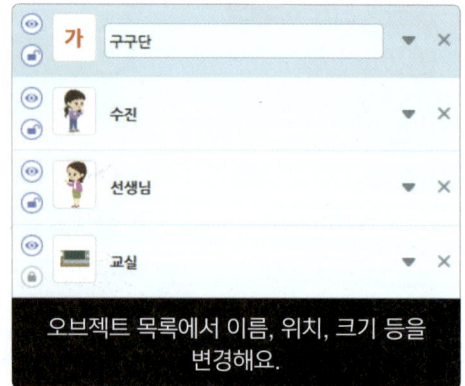

오브젝트 목록에서 이름, 위치, 크기 등을 변경해요.

◆HINT◆

1. 오브젝트 삭제 및 추가 : 엔트리봇 삭제, [배경]-칠판(2), [사람]-소녀(5), 선생님(3), 글상자 추가
2. 오브젝트 이름, 위치, 크기 변경
   - 선생님(3) : 이름(선생님), 위치(x : 90, y : -55), 크기(120%)
   - 소녀(5) : 이름(수진), 위치(x : -40, y : -60)
   - 글상자 : 내용(구구단), 굵게, 글꼴색(흰색), 채우기색(투명), 위치(x : 0, y : 70), 크기(80%)

02 그림 내용과 힌트를 참고하여 '수진'과 '선생님'에 코드를 작성해요.

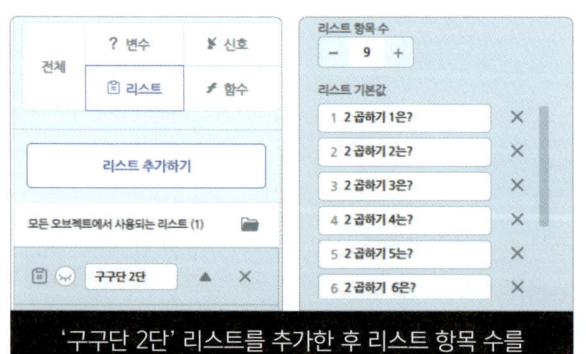

'구구단 2단' 리스트를 추가한 후 리스트 항목 수를 9개로 지정하여 각각의 항목에 기본값을 입력해요.

'선생님'이 '구구단 2단' 리스트에 들어 있는 9개의 항목 내용을 임의의 순서로 질문하고 대답을 기다려요.

◆HINT◆

1. '구구단 2단' 리스트 만들기 : [속성] 탭의 [리스트]에서 | 리스트 추가하기 |, 리스트 항목 수-9, 리스트 감추기(◉)
   - 리스트 기본값 9개 입력 : 2 곱하기 1은?, 2 곱하기 2는?, 2 곱하기 3은?... 2 곱하기 9는?
2. '수진' 코드 작성 : ❶ 시작하기 버튼을 클릭했을 때 ❷ '2'초 기다리기 ❸ "네. 선생님"을 '2'초 동안 말하기
3. '선생님' 코드 작성 : ❶ 시작하기 버튼을 클릭했을 때 ❷ "수진아 구구단 2단을 맞혀봐"를 '2'초 동안 말하기 ❸ '3'초 기다리기 ❹ ⑤~⑦을 계속 반복하기 ❺ ⑥의 ⑦번째 항목"을 묻고 대답 기다리기 ❻ '구구단 2단'의 1번째 항목 ❼ '1'부터 '9' 사이의 무작위 수